La population de la

*L*A France évolue au rythme des grandes mutations de notre époque. La localisation de nos contemporains, leur nombre, leurs comportements, rendent compte des dynamiques qui affectent chaque portion du territoire et des tensions qui peuvent en résulter.

Cet atlas a pour mission de situer les points faibles du développement économique et social du pays. La représentation cartographique par arrondissement permet de visualiser l'expansion des grandes zones urbaines et la déprime du monde rural. Elle met en valeur les évolutions les plus récentes concernant, par exemple, le marché du travail ou la formation ; elle décrit aussi le résultat actuel des tendances lourdes du passé comme le vieillissement ou la répartition des activités économiques.

L'Atlas de la population de la France est un instrument d'analyse et de compréhension. Cet ensemble de cartes et de graphiques doit être considéré comme un outil de travail pour les responsables nationaux et locaux chargés de préparer les décisions d'aménagement du territoire. Les lecteurs y découvriront une information riche sur chaque arrondissement et seront en mesure de le situer dans son environnement immédiat ou par rapport aux autres arrondissements dans la même situation.

Cet atlas est édité grâce au concours de la DATAR.

SOMMAIRE

Les régions de l'Union européenne en 1994

Belgique
1 Antverpen
2 Brabant
3 Hainaut
4 Liège
5 Limburg
6 Luxembourg
7 Namur
8 Oost-Vlaanderen
9 West-Vlaanderen

Pays-Bas
1 Groningen
2 Friesland
3 Drenthe
4 Overijsel
5 Gelderland
6 Flevoland
7 Utrecht
8 Noord-Holland
9 Zuid-Holland
10 Zeeland
11 Noord-Brabant
12 Limburg

Adhésion de l'Autriche, de la Finlande et de la Suède à l'Union européenne en 1995 (non pris en compte dans ce document)

© INSEE - C&D
Source : Eurostat

INSEE

INSEE
INSTITUT NATIONAL DE LA STATISTIQUE ET DES ÉTUDES ÉCONOMIQUES
18, bd Adolphe Pinard
75675 PARIS cedex 14
Tél. (1) 41 17 66 11

Cartographie & Décision
14, rue Cardinal de Polignac
43000 Le Puy-en-Velay
Tél. 71 05 76 33

Densité de population

AVEC ses 544 000 km², la France métropolitaine est, devant l'Espagne, le pays le plus vaste de l'Union européenne, où elle représente près du quart de la superficie. Pourtant elle n'est qu'au quatrième rang pour la population totale. La France a en effet une densité de population relativement faible, 104 habitants au km² en 1990, ne dépassant que celles de l'Espagne, de la Grèce et de l'Irlande. La population est deux fois plus dense en Allemagne et au Royaume-Uni, trois fois plus en Belgique et aux Pays-Bas. Il est vrai que ces pays font partie intégrante d'un axe densément peuplé qui traverse l'Europe, axe en forme de croissant ou encore de « banane bleue », comme l'ont joliment nommé certains géographes. Il part du centre et Sud de l'Angleterre, couvre le Benelux et l'Allemagne rhénane, effleure au passage la France dans le Nord et l'Est, traverse la Suisse pour se terminer en Italie. Fruit des relations entre le monde méditerranéen et les pays bordant la Manche et la mer du Nord, il existe depuis plusieurs siècles, et représente un espace économique de première importance au sein de l'Europe.

La France a mis 215 ans pour que sa densité de population double. Les 50 habitants au km² étaient en effet déjà atteints avant la Révolution. La densité franchit les 70 habitants au km² en 1871. Une période de faible croissance démographique s'en suivit : la densité moyenne n'était que de 77 habitants au km² en 1936. Après la Seconde Guerre mondiale, avec les naissances massives des enfants du *baby boom*, accompagnée d'une immigration intense, la croissance s'est accélérée ; si elle s'est ralentie depuis une quinzaine d'année, elle a tout de même permis à la France de dépasser pour la première fois les 100 habitants au km².

La densité de population a ainsi augmenté de près de moitié durant le dernier demi-siècle. La France s'est globalement densifiée, mais les disparités se sont accentuées en son sein. Le nombre d'arrondissements ayant une densité supérieure à 100 habitants au km² a presque doublé durant cette période, passant de 65 à 115. Dans le même temps, le nombre d'arrondissements ayant une faible densité, inférieure à 30 habitants au km², a également augmenté, certes plus faiblement, passant de 44 à 54.

La répartition spatiale des faibles et fortes densités a assez peu varié. Elle ressemble, de façon moins contrastée, à celle de la péninsule ibérique. Il y a une forte opposition entre, d'une part, l'Île-de-France, les périphéries côtières ou l'axe dense Liverpool-Milan, et d'autre part, la diagonale des faibles densités. Cette dernière, qualifiée également de « diagonale aride », coupe la France en deux, du Sud-Ouest au Nord-Est, partant de l'Alentejo pour remonter jusqu'au Luxembourg belge.

Cette zone de faible densité, à laquelle on peut rajouter quelques arrondissements alpins et la Corse, résulte en partie de déterminants géographiques. On y trouve des massifs montagneux, des espaces occupés par des forêts, des terrains propices à l'élevage de plein air ou à la culture des céréales. Mais l'exode rural, très intense au XIXᵉ siècle, encore réel après la Seconde Guerre mondiale, a accentué ce caractère de faible peuplement.

La France est décidément une terre de contrastes. À la diversité de ses climats, de ses paysages et de ses sols, s'ajoute une étonnante disparité du peuplement : 20 421 habitants au km² à Paris *intra-muros*, 15 habitants au km² dans le département de la Lozère, 6 habitants au km² dans l'arrondissement de Castellane.

Les cinq arrondissements les plus denses en 1990

Département	Arrondissement	Densité de population (hab./km²) 1990	1936
75	Paris	20 421	26 848
92	Nanterre	9 068	7 543
93	Montreuil	7 810	5 391
92	Antony	7 628	3 977
94	Villejuif	6 570	3 379

Les cinq arrondissements les moins denses en 1990

Département	Arrondissement	Densité de population (hab./km²) 1990	1936
04	Castellane	6	7
48	Florac	7	12
04	Barcelonnette	7	10
2B	Corte	12	16
51	Sainte-Menehould	14	17

Source : INSEE - Recensements

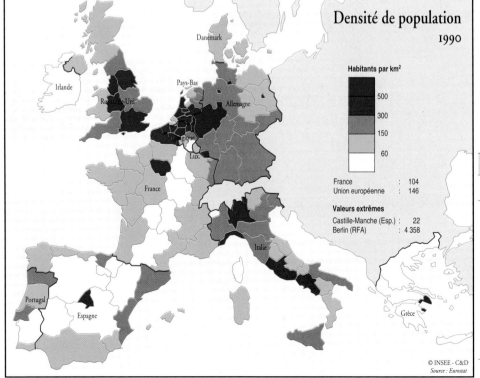

Densité de population
1990

Habitants par km²

500
300
150
60

France : 104
Union européenne : 146

Valeurs extrêmes
Castille-Manche (Esp.) : 22
Berlin (RFA) : 4 358

© INSEE - C&D
Source : Eurostat

L'Union européenne en 1990

	Population (millions)	Superficie (milliers de km²)	Densité (habitants/km²)
Allemagne	79,5	356,8	223
Belgique	10,0	30,5	327
Danemark	5,1	43,1	120
Espagne	38,9	504,8	79
France*	56,6	543,9	104
Grèce	10,1	131,9	76
Irlande	3,5	68,9	51
Italie	57,7	301,3	191
Luxembourg	0,4	2,6	148
Pays-Bas	14,9	41,8	357
Portugal	9,9	92,1	107
Royaume-Uni	57,4	244,1	235
Total UE	**344,1**	**2 361,8**	**146**

* sans les DOM.

Source : Eurostat

Densité de population

1936

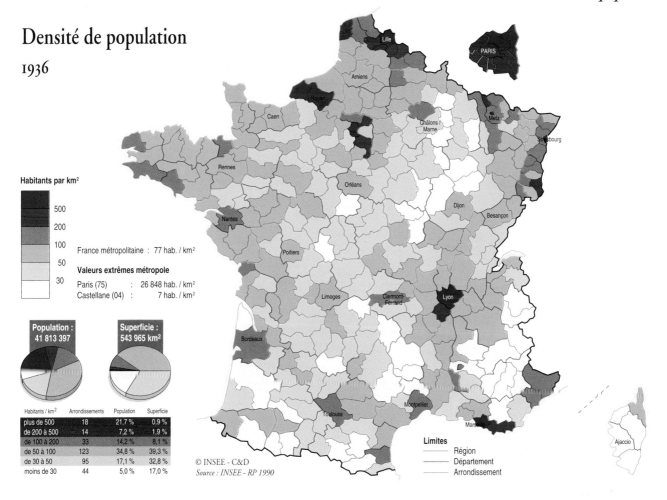

Habitants par km²

500
200
100
50
30

France métropolitaine : 77 hab. / km²

Valeurs extrêmes métropole

Paris (75) : 26 848 hab. / km²
Castellane (04) : 7 hab. / km²

Population : 41 813 397

Superficie : 543 965 km²

Habitants / km²	Arrondissements	Population	Superficie
plus de 500	18	21,7 %	0,9 %
de 200 à 500	14	7,2 %	1,9 %
de 100 à 200	33	14,2 %	8,1 %
de 50 à 100	123	34,8 %	39,3 %
de 30 à 50	95	17,1 %	32,8 %
moins de 30	44	5,0 %	17,0 %

© INSEE - C&D
Source : INSEE - RP 1990

Limites

— Région
— Département
— Arrondissement

Densité de population

1990

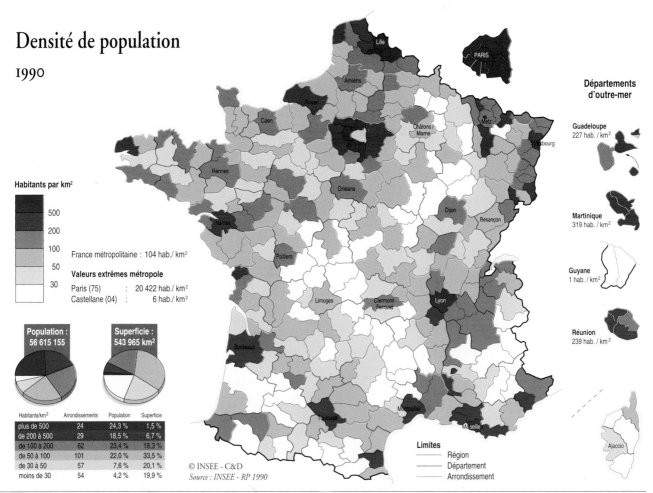

Habitants par km²

500
200
100
50
30

France métropolitaine : 104 hab./ km²

Valeurs extrêmes métropole

Paris (75) : 20 422 hab./ km²
Castellane (04) : 6 hab./ km²

Population : 56 615 155

Superficie : 543 965 km²

Habitants/km²	Arrondissements	Population	Superficie
plus de 500	24	24,3 %	1,5 %
de 200 à 500	29	18,5 %	6,7 %
de 100 à 200	62	23,4 %	18,3 %
de 50 à 100	101	22,0 %	33,5 %
de 30 à 50	57	7,6 %	20,1 %
moins de 30	54	4,2 %	19,9 %

© INSEE - C&D
Source : INSEE - RP 1990

Départements d'outre-mer

Guadeloupe
227 hab. / km²

Martinique
319 hab. / km²

Guyane
1 hab. / km²

Réunion
239 hab. / km²

Limites

— Région
— Département
— Arrondissement

Répartition de la population

L A France métropolitaine, avec 57,7 millions d'habitants estimés en 1993, représente 16,5 % de la population de l'Union européenne, et seulement 1 % de la population mondiale. Cela la place au vingtième rang mondial et au quatrième rang de l'Union européenne. Elle reste loin derrière l'Allemagne réunifiée et ses 81,1 millions d'habitants et tout juste derrière le Royaume-Uni et l'Italie. Elle devrait bientôt dépasser cette dernière grâce à une natalité un peu plus élevée.

Longtemps, la France a été le pays le plus peuplé de l'Europe, la Grande Nation, jusqu'à la fin du XVIIIᵉ siècle. Mais elle a commencé plus tôt que les autres sa transition démographique [1]. La fécondité a diminué dès le milieu du XVIIIᵉ siècle, ce qui a conduit la France a être le pays le plus vieilli du monde jusqu'aux années cinquante et à avoir longtemps une croissance démographique très modérée.

La France se caractérise par la très forte concentration de population autour du pôle parisien. Avec ses 9,3 millions d'habitants, Paris est l'agglomération la plus importante d'Europe, devant Londres (7,4 millions d'habitants). Avec un million d'habitants environ, les agglomérations de Lyon, Marseille et Lille sont loin derrière.

L'Île-de-France, plus peuplée que la Belgique, représente près d'un cinquième de la population totale pour 2 % seulement de la superficie totale. Le poids énorme de la région capitale, si souvent critiqué, est le fruit d'une histoire relativement ancienne. De 1861 à 1946, sa population est passée de 2,8 à 6,6 millions d'habitants, tandis que celle de la province diminuait légèrement, passant de 34,7 à 33,9 millions d'habitants. Pendant des décennies, l'Île-de-France s'est accaparée ainsi toute la croissance démographique de la métropole. La montée à Paris d'habitants de la périphérie du Bassin parisien (Auvergnats, Limougeots, Bretons), explique cette vitalité exceptionnelle. Depuis, la balance migratoire de l'Île-de-France s'est dégradée, pour même devenir déficitaire depuis une vingtaine d'années. Le poids de cette région s'est alors stabilisé.

Pour autant, la population française continue à se concentrer vers les grands pôles urbains du Sud-Est. Les trois régions les plus peuplées (Île-de-France, Rhône-Alpes, Provence-Alpes-Côte d'Azur) regroupent près de 36 % de la population métropolitaine. Les façades nord et nord-est, encore très peuplées, ont décliné. À l'exode rural a succédé un exode industriel. Avec la crise économique, les vieux bassins miniers et sidérur-

giques sont entrés dans une phase de déclin démographique. La Lorraine perd de la population, au même titre que la province de Liège, le Hainaut, la Ruhr, le Yorkshire ou le Sud du Pays de Galles.

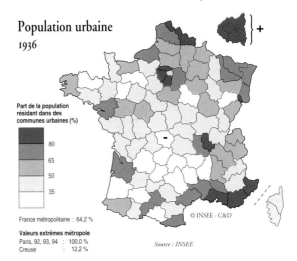

Population urbaine
1936

Part de la population résidant dans des communes urbaines (%)

80
65
50
35

France métropolitaine : 64,2 %

Valeurs extrêmes métropole
Paris, 92, 93, 94 : 100,0 %
Creuse : 12,2 %

© INSEE - C&D

Source : INSEE

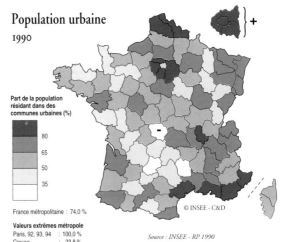

Population urbaine
1990

Part de la population résidant dans des communes urbaines (%)

80
65
50
35

France métropolitaine : 74,0 %

Valeurs extrêmes métropole
Paris, 92, 93, 94 : 100,0 %
Creuse : 23,8 %

© INSEE - C&D

Source : INSEE - RP 1990

(1) La transition démographique est le passage d'un régime démographique « ancien » (fortes fécondité et mortalité) à un régime démographique « moderne » (faibles fécondité et mortalité).

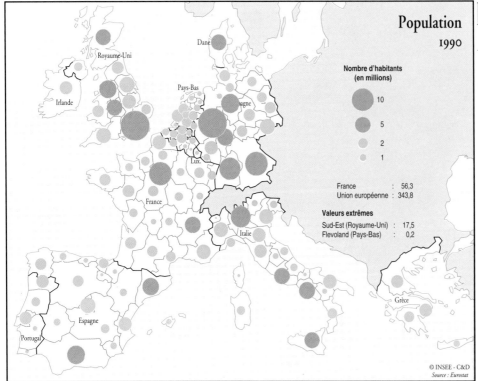

Population
1990

Nombre d'habitants (en millions)

10
5
2
1

France : 56,3
Union européenne : 343,8

Valeurs extrêmes
Sud-Est (Royaume-Uni) : 17,5
Flevoland (Pays-Bas) : 0,2

© INSEE - C&D
Source : Eurostat

Les pays les plus peuplés en 1993

	Population (millions)	Superficie (milliers de km²)	Densité (habitants/km²)
Chine	1 178,5	9 326	126
Inde	897,4	2 973	302
Union européenne	*348,7*	*2 362*	*149*
États-Unis	258,3	9 159	28
Indonésie	187,6	1 826	103
Brésil	152,0	8 457	18
Russie	149,0	17 075	9
Japon	124,8	377	331
Pakistan	122,4	771	159
Bangladesh	113,9	130	876
Nigeria	95,1	911	104
Mexique	90,0	1 909	47
Allemagne	81,1	357	232
Vietnam	71,8	325	221
Philippines	64,6	298	217
Iran	62,8	1 636	38
Turquie	60,7	770	79
Égypte	58,3	995	59
Royaume-Uni	58,0	244	240
Italie	57,8	294	197
France	57,7	544	105
Thaïlande	57,2	511	112
Éthiopie	56,7	1 101	51
Ukraine	51,9	604	86
Corée du Sud	44,6	99	451

Source : INED

Population 1936

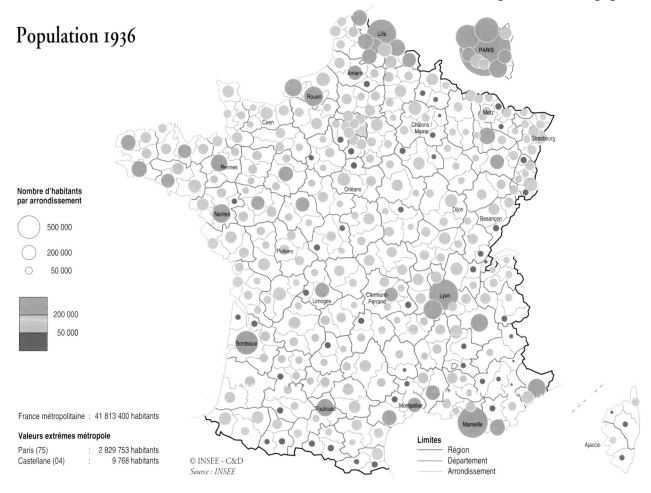

**Nombre d'habitants
par arrondissement**

○ 500 000

○ 200 000

○ 50 000

200 000

50 000

France métropolitaine : 41 813 400 habitants

Valeurs extrêmes métropole

Paris (75) : 2 829 753 habitants
Castellane (04) : 9 768 habitants

© INSEE - C&D
Source : INSEE

Limites

—— Région
—— Département
—— Arrondissement

Population 1990

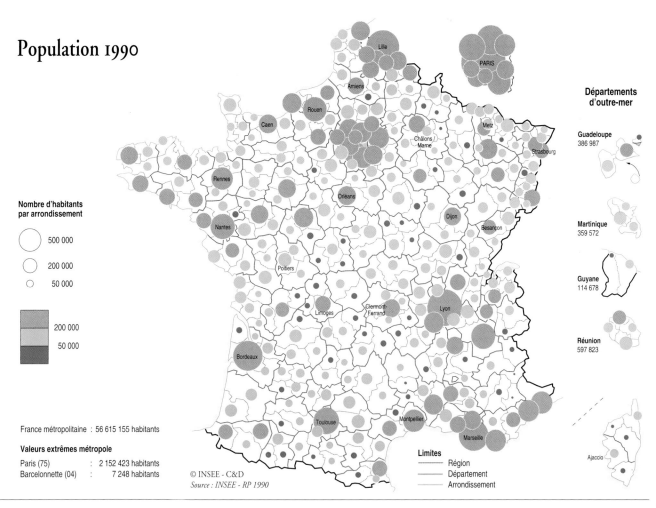

**Nombre d'habitants
par arrondissement**

○ 500 000

○ 200 000

○ 50 000

200 000

50 000

France métropolitaine : 56 615 155 habitants

Valeurs extrêmes métropole

Paris (75) : 2 152 423 habitants
Barcelonnette (04) : 7 248 habitants

© INSEE - C&D
Source : INSEE - RP 1990

Limites

—— Région
—— Département
—— Arrondissement

**Départements
d'outre-mer**

Guadeloupe
386 987

Martinique
359 572

Guyane
114 678

Réunion
597 823

L'ARMATURE urbaine de la France se caractérise par l'hypertrophie de la capitale : Paris est sept fois plus peuplée que la deuxième agglomération française, Lyon si l'on se restreint au territoire national, Lille si l'on prend en compte la fraction située au-delà des frontières. Cette situation différencie nettement la France de ses voisins (Allemagne, Royaume-Uni, Espagne, Italie) où l'écart entre la ville la plus peuplée et ses suivantes est beaucoup plus faible. Lille, Lyon et Marseille sont, en dehors de Paris, les seules agglomérations millionnaires du territoire national ; elles sont classées aux 26e, 27e et 28e rang des villes d'Europe occidentale. Pour trouver la suivante, Bordeaux, il faut descendre à la 53e place. Ensuite, la répartition des unités urbaines selon leur taille est beaucoup plus harmonieuse ; on en dénombre 58 de plus de 100 000 habitants et 119 de plus de 50 000 habitants.

La répartition de ces villes sur le territoire national montre un fort taux d'urbanisation le long de la frontière nord et nord-est, ainsi que dans le quart sud-est. Le Sud-Ouest du pays est marqué par la présence de deux agglomérations de taille voisine, Toulouse et Bordeaux, dominant assez nettement toutes les autres villes alentour ; à l'inverse, l'armature urbaine est très équilibrée dans l'Ouest, la répartition des villes de tailles différentes se répartissant assez harmonieusement sur le territoire. Une large bande, prenant la France en écharpe des Hautes-Pyrénées aux Ardennes, est presque dépourvue de grandes villes, hormis Clermont-Ferrand, relativement isolée au cœur du Massif central.

Trois Français sur quatre vivent dans des villes ou dans des banlieues. Ce pourcentage est relativement stable depuis une vingtaine d'années. L'attraction des villes existe certes toujours, mais elle déborde maintenant largement sur les communes périurbaines : la croissance de la population se concentre avant tout dans ces zones situées à proximité, mais pas forcément au contact des villes.

Évolution de la population selon la taille des communes de la France

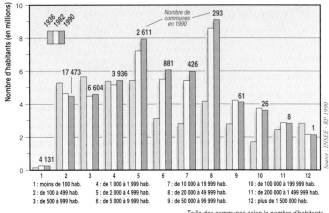

1 : moins de 100 hab.
2 : de 100 à 499 hab.
3 : de 500 à 999 hab.
4 : de 1 000 à 1 999 hab.
5 : de 2 000 à 4 999 hab.
6 : de 5 000 à 9 999 hab.
7 : de 10 000 à 19 999 hab.
8 : de 20 000 à 49 999 hab.
9 : de 50 000 à 99 999 hab.
10 : de 100 000 à 199 999 hab.
11 : de 200 000 à 1 499 999 hab.
12 : plus de 1 500 000 hab.

Taille des communes selon le nombre d'habitants

Source : INSEE - RP 1990

Population urbaine, périurbaine et rurale en France de 1936 à 1990

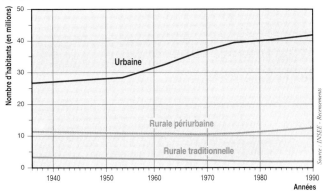

Source : INSEE - Recensements

Définitions de 1990
Population urbaine : population vivant dans une unité urbaine (zone de 2 000 habitants ou plus s'étendant sur une ou plusieurs communes qui se caractérise par la continuité de son habitat).

Population rurale périurbaine : population des communes rurales en ZPIU placées sous l'influence d'une unité urbaine.
Population rurale traditionnelle : population vivant dans une commune rurale hors ZPIU, éloignée d'une unité urbaine.

Population vivant dans des communes de moins de 2 000 habitants

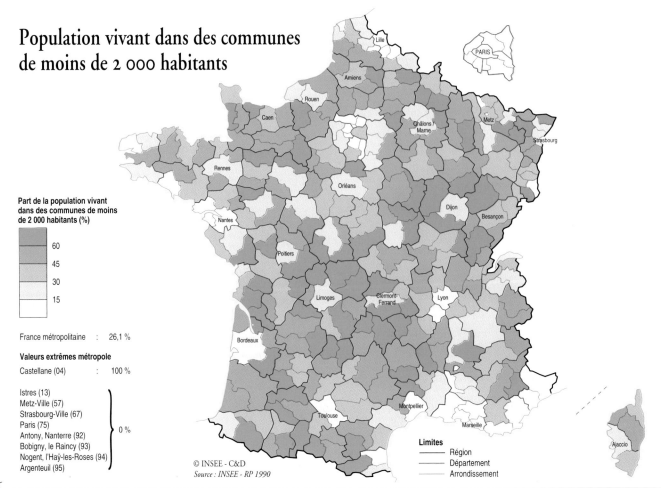

Part de la population vivant dans des communes de moins de 2 000 habitants (%)

60
45
30
15

France métropolitaine : 26,1 %

Valeurs extrêmes métropole

Castellane (04) : 100 %

Istres (13)
Metz-Ville (57)
Strasbourg-Ville (67)
Paris (75)
Antony, Nanterre (92)
Bobigny, le Raincy (93)
Nogent, l'Haÿ-les-Roses (94)
Argenteuil (95)
} 0 %

© INSEE - C&D
Source : INSEE - RP 1990

Limites
Région
Département
Arrondissement

Au contraire, les communes rurales qui ne se trouvent pas dans la zone d'influence des villes voient souvent leur population diminuer pour ne plus représenter aujourd'hui que 2 millions d'habitants soit 4 % de la population totale de la métropole.

La population des communes dépend d'une part de leur densité, d'autre part de leur superficie. Ainsi, les communes ayant une faible population sont rares dans les zones les plus denses (Île-de-France, Nord, façade méditerranéenne), mais aussi en Bretagne et dans le Pays nantais où l'histoire a légué des communes de grande taille. À l'opposé, s'il n'est pas étonnant de constater un poids démographique faible pour les petites communes dans des zones peu denses (Massif central), on ne peut expliquer une forte proportion observée en Lorraine ou dans certains arrondissements du Sud-Ouest que par le morcellement extrême du découpage communal.

Union européenne : agglomérations de plus de 1 million d'habitants

Agglomération et pays	Année	Population (milliers)	Agglomération et pays	Année	Population (milliers)
Paris *(France)*	1991	9 319	Bruxelles *(Belgique)*	1991	1 845
Londres *(R.-U.)*	1991	7 400	Munich *(Allemagne)*	1990	1 594
Essen *(Allemagne)*	1990	4 597	Turin *(Italie)*	1990	1 491
Madrid *(Espagne)*	1991	4 572	Leeds *(R.-U.)*	1991	1 425
Barcelone *(Espagne)*	1991	3 912	Francfort *(Allemagne)*	1990	1 355
Milan *(Italie)*	1990	3 907	Valence *(Espagne)*	1991	1 349
Berlin *(Allemagne)*	1991	3 624	Rotterdam *(Pays-Bas)*	1990	1 342
Athènes *(Grèce)*	1991	3 086	Copenhague *(DK)*	1990	1 337
Naples *(Italie)*	1990	3 026	Lille* *(France-Belgique)*	1990	1 296
Rome *(Italie)*	1990	2 986	Lyon *(France)*	1990	1 262
Düsseldorf *(Allemagne)*	1990	2 461	Marseille *(France)*	1990	1 231
Lisbonne *(Portugal)*	1991	2 315	Porto *(Portugal)*	1991	1 149
Birmingham *(R.-U.)*	1991	2 225	Stuttgart *(Allemagne)*	1990	1 138
Manchester *(R.-U.)*	1991	2 205	Rotterdam *(Pays-Bas)*	1990	1 083
Cologne *(Allemagne)*	1990	2 147	Anvers *(Belgique)*	1990	1 045

* Agglomération internationale

Source : Eurostat

Attraction des villes de plus de 10 000 habitants

Nombre d'habitants des Unités Urbaines

- 500 000
- 200 000
- 100 000
- 20 000
- 10 000

Ville habituellement fréquentée par les habitants des villes proches quel qu'en soit le motif

—— Limite de département

—— Limite de région

Source : INSEE - RP 1990
Inventaire communal 1988

© INSEE - C&D

Évolution de la population

DEPUIS la fin de la Seconde Guerre mondiale, la population de la France métropolitaine s'est accrue de 17 millions d'habitants, ce qui représente près de 50 % d'augmentation. Cette croissance est la plus forte de toute notre histoire, aussi loin que les chiffres permettent de remonter. Depuis 1700, le rythme de croissance a toujours été inférieur à moins de la moitié de ce qui vient de se produire.

Avec une forte fécondité et une immigration importante, la croissance démographique a été particulièrement vive jusqu'à la fin des années soixante. Elle a un peu décliné depuis et s'est stabilisée à un niveau qui reste non négligeable : la population augmente de 1 % tous les deux ans depuis une quinzaine d'années. Ce ralentissement de la croissance est commun à l'ensemble de l'Europe au cours des trente dernières années. La chute de la fécondité ayant été moins forte que chez ses proches voisins, la France est actuellement un des pays les plus dynamiques de l'Union européenne, avec les Pays-Bas, le Luxembourg et la Grèce.

Cette croissance est loin de se répartir de façon uniforme sur le territoire, au contraire, les disparités spatiales s'accentuent. Comme dans de nombreux pays, les habitants ont tendance à se regrouper massivement dans les régions déjà densément peuplées et à quitter celles qui atteignent une situation critique. Ainsi, 4 des 22 régions de France métropolitaine ont accaparé plus de 60 % de la croissance de la décennie quatre-vingt : l'Île-de-France, Rhône-Alpes, le Languedoc-Roussillon et Provence-Alpes-Côte d'Azur. Cette dernière a été la région la plus dynamique dans les années soixante et soixante-dix, elle est dépassée maintenant par le

Les régions en 1936 et 1990

Régions	Population 1936	%	Population 1990	%
Alsace	1 219 381	2,9	1 624 372	2,9
Aquitaine	2 155 138	5,2	2 795 830	4,9
Auvergne	1 291 067	3,1	1 321 214	2,3
Bourgogne	1 381 420	3,3	1 609 653	2,8
Bretagne	2 396 647	5,7	2 795 638	4,9
Centre	1 715 067	4,1	2 371 036	4,2
Champagne-Ardenne	1 126 760	2,7	1 347 848	2,4
Corse	221 990	0,5	250 371	0,4
Franche-Comté	838 170	2,0	1 097 276	1,9
Île-de-France	6 785 913	16,2	10 660 554	18,8
Languedoc-Roussillon	1 514 284	3,6	2 114 985	3,7
Limousin	798 176	1,9	722 850	1,3
Lorraine	1 866 128	4,5	2 305 726	4,1
Midi-Pyrénées	1 934 590	4,6	2 430 663	4,3
Nord-Pas-de-Calais	3 202 632	7,7	3 965 058	7,0
Basse-Normandie	1 112 788	2,7	1 391 318	2,5
Haute-Normandie	1 219 440	2,9	1 737 247	3,1
Pays de la Loire	2 169 721	5,2	3 059 112	5,4
Picardie	1 353 990	3,2	1 810 687	3,2
Poitou-Charentes	1 343 246	3,2	1 595 109	2,8
Provence-Alpes-Côte d'Azur	2 560 347	6,1	4 257 907	7,5
Rhône-Alpes	3 606 502	8,6	5 350 701	9,5
France métropolitaine	**41 813 397**	*100,0*	**56 615 155**	*100,0*

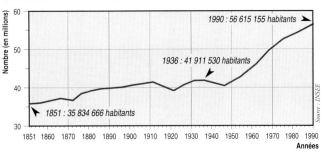

La population en France métropolitaine de 1851 à 1990

1990 : 56 615 155 habitants

1936 : 41 911 530 habitants

1851 : 35 834 666 habitants

Source : INSEE

Languedoc-Roussillon. La population de la façade méditerranéenne est passée de 3,8 millions à 5,6 millions d'habitants en moins de trente ans.

Les grands pôles de la région Rhône-Alpes figurent toujours parmi les plus dynamiques. L'Île-de-France, après un fléchissement dû à un fort déficit migratoire de 1975 à 1982, a retrouvé depuis un rythme de croissance supérieur à la moyenne nationale. Cette dynamique francilienne a dépassé les limites régionales pour atteindre les arrondissements situés à sa périphérie. Font également partie de la France dynamique, la façade atlantique, l'agglomération toulousaine, et hors de la métropole, les départements d'outre-mer.

Inversement, une vaste partie du territoire perd de la population. Le nombre d'arrondissements en déclin démographique ne cesse d'augmenter : 78 de 1962 à 1968, 102 de 1975 à 1982, 112 de 1982 à 1990. Ils sont situés en général dans la diagonale des faibles densités des Pyrénées aux Ardennes, et en Bretagne intérieure. Au sud, c'est le déficit naturel qui est la cause du déclin ; au nord, c'est le déficit migratoire ; au milieu, les deux effets négatifs se cumulent. Le Cantal a ainsi perdu le tiers de sa population depuis 1886 ; la Creuse la moitié. Deux régions perdent de la population depuis 1975 : le Limousin et la Lorraine ; une troisième depuis 1982 : l'Auvergne.

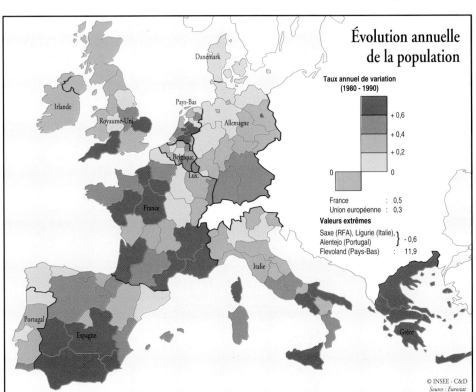

Évolution annuelle de la population

Taux annuel de variation (1980 - 1990)

+ 0,6
+ 0,4
+ 0,2
0   0

France : 0,5
Union européenne : 0,3

Valeurs extrêmes

Saxe (RFA), Ligurie (Italie), Alentejo (Portugal) : - 0,6
Flevoland (Pays-Bas) : 11,9

© INSEE - C&D
Source : Eurostat

L'Union européenne en 1980 et 1990

	Population 1980 (millions)	Population 1990 (millions)	Évolution %
Allemagne	78,3	79,5	0,2
Belgique	9,8	10,0	0,1
Danemark	5,1	5,1	0,0
Espagne	37,9	38,9	0,4
France*	53,9	56,6	0,5
Grèce	9,6	10,1	0,5
Irlande	3,4	3,5	0,3
Italie	56,4	57,7	0,2
Luxembourg	0,3	0,4	0,5
Pays-Bas	14,3	14,9	0,5
Portugal	9,8	9,9	0,1
Royaume-Uni	56,3	57,4	0,2
Total UE	**334,7**	**344,1**	*0,3*

* sans les DOM.

Source : Eurostat - 1993 -.

Évolution de la population

Période 1936 - 1990

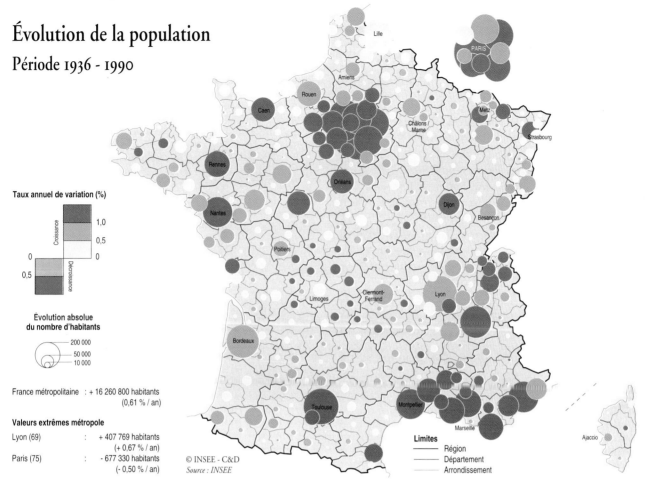

Taux annuel de variation (%)

Croissance
1,0
0,5
0
0
0,5
Décroissance

Évolution absolue
du nombre d'habitants

200 000
50 000
10 000

France métropolitaine : + 16 260 800 habitants
(0,61 % / an)

Valeurs extrêmes métropole

Lyon (69)   :   + 407 769 habitants
(+ 0,67 % / an)

Paris (75)   :   - 677 330 habitants
(- 0,50 % / an)

© INSEE - C&D
Source : INSEE

Limites
— Région
— Département
— Arrondissement

Évolution de la population

Période 1982 - 1990

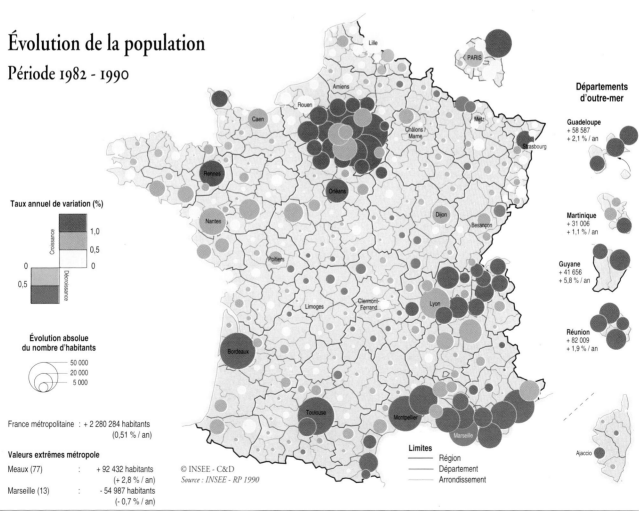

Taux annuel de variation (%)

Croissance
1,0
0,5
0
0
0,5
Décroissance

Évolution absolue
du nombre d'habitants

50 000
20 000
5 000

France métropolitaine : + 2 280 284 habitants
(0,51 % / an)

Valeurs extrêmes métropole

Meaux (77)   :   + 92 432 habitants
(+ 2,8 % / an)

Marseille (13) :   - 54 987 habitants
(- 0,7 % / an)

© INSEE - C&D
Source : INSEE - RP 1990

Limites
— Région
— Département
— Arrondissement

**Départements
d'outre-mer**

Guadeloupe
+ 58 587
+ 2,1 % / an

Martinique
+ 31 006
+ 1,1 % / an

Guyane
+ 41 656
+ 5,8 % / an

Réunion
+ 82 009
+ 1,9 % / an

A VEC une fécondité proche de 180 naissances pour cent femmes, la France est aujourd'hui l'un des pays d'Europe où la fécondité reste la plus forte après l'Irlande. Pendant la période d'après-guerre, la fécondité a été élevée puis elle a baissé rapidement de 1965 à 1975, où elle s'est stabilisée à sa valeur actuelle.

À la fin des années soixante, le modèle de la famille à deux enfants a commencé à se généraliser. À partir des années soixante-dix, les jeunes femmes ont eu leur premier enfant de plus en plus tard : l'âge moyen des mères à leur première naissance est passé de 24 ans en 1972 à 26 ans en 1990. Les calendriers des naissances ont été progressivement retardés de sorte que les accouchements tardifs se sont accrus régulièrement : en 1990, 38 % des nouveaux-nés ont une maman de 30 ans ou plus, alors qu'ils n'étaient que 27 % en 1970.

Néanmoins, le désir d'enfant reste très vif : à peine 10 % des femmes restent sans enfant alors que, dans les générations nées au début du siècle, cette proportion dépassait 20 %. Même non mariées, les femmes n'hésitent plus à avoir des enfants : en 1991, près d'un enfant sur trois est conçu hors mariage.

La baisse enregistrée par la fécondité s'observe sur l'ensemble de l'Hexagone, mais elle apparaît d'autant plus forte que la fécondité était élevée au départ. Si les disparités spatiales se réduisent, on observe néanmoins une France à deux visages : un plus grand nombre d'enfants par femme à l'Est et au Nord, une faible fécondité dans le Sud-Ouest et le Massif central.

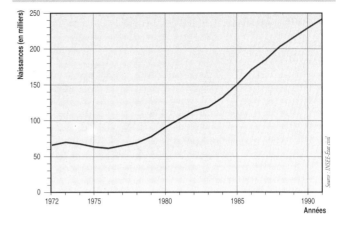

Les naissances hors mariage en France métropolitaine de 1972 à 1991

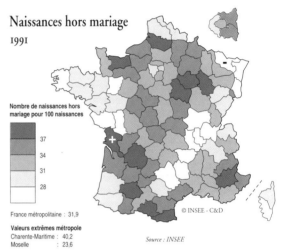

Naissances hors mariage

1991

Nombre de naissances hors mariage pour 100 naissances

37
34
31
28

France métropolitaine : 31,9

Valeurs extrêmes métropole
Charente-Maritime : 40,2
Moselle : 23,6

© INSEE - C&D

Source : INSEE

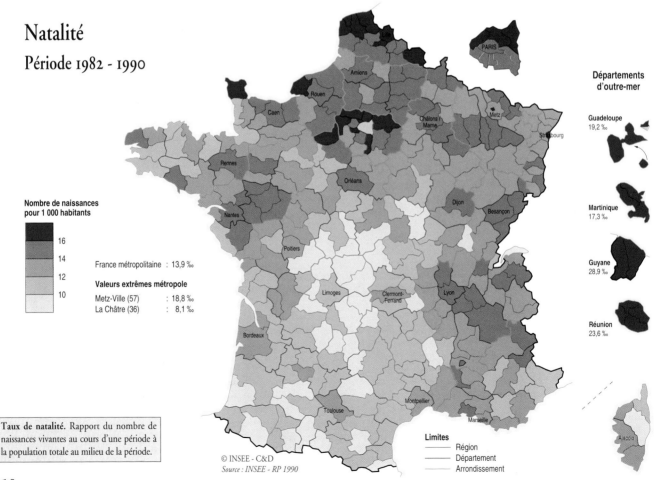

Natalité

Période 1982 - 1990

Départements d'outre-mer

Guadeloupe
19,2 ‰

Martinique
17,3 ‰

Guyane
28,9 ‰

Réunion
23,6 ‰

Nombre de naissances pour 1 000 habitants

16
14
12
10

France métropolitaine : 13,9 ‰

Valeurs extrêmes métropole

Metz-Ville (57) : 18,8 ‰
La Châtre (36) : 8,1 ‰

Limites
— Région
— Département
— Arrondissement

Taux de natalité. Rapport du nombre de naissances vivantes au cours d'une période à la population totale au milieu de la période.

© INSEE - C&D
Source : INSEE - RP 1990

Nombre moyen d'enfants par femme

1974-1976

(indicateur conjoncturel de fécondité)

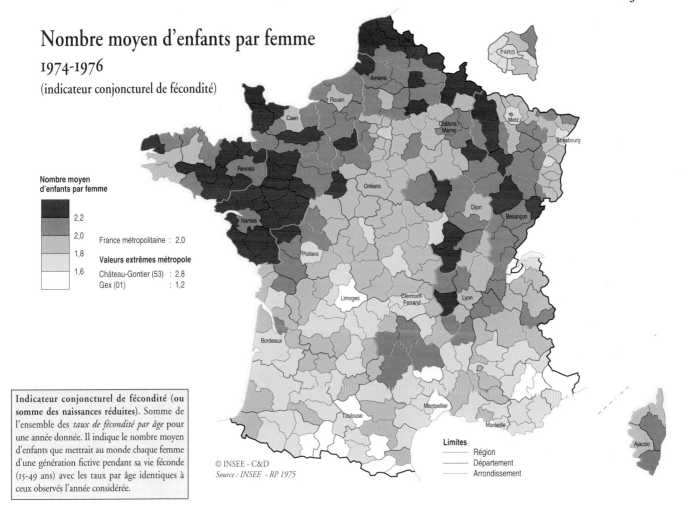

**Nombre moyen
d'enfants par femme**

2,2
2,0   France métropolitaine : 2,0
1,8
1,6   **Valeurs extrêmes métropole**

Château-Gontier (53) : 2,8
Gex (01)   : 1,2

**Indicateur conjoncturel de fécondité (ou
somme des naissances réduites).** Somme de
l'ensemble des *taux de fécondité par âge* pour
une année donnée. Il indique le nombre moyen
d'enfants que mettrait au monde chaque femme
d'une génération fictive pendant sa vie féconde
(15-49 ans) avec les taux par âge identiques à
ceux observés l'année considérée.

© INSEE - C&D
Source : INSEE - RP 1975

Limites

——— Région
——— Département
——— Arrondissement

Nombre moyen d'enfants par femme

1989-1991

(indicateur conjoncturel de fécondité)

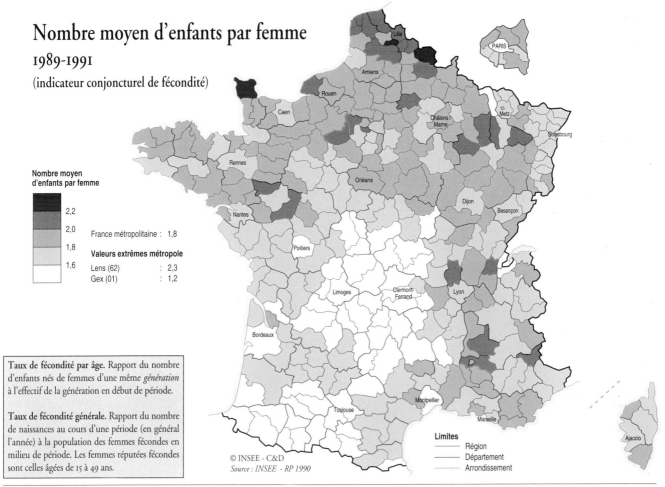

**Nombre moyen
d'enfants par femme**

2,2
2,0   France métropolitaine : 1,8
1,8
1,6   **Valeurs extrêmes métropole**

Lens (62) : 2,3
Gex (01)   : 1,2

Taux de fécondité par âge. Rapport du nombre
d'enfants nés de femmes d'une même *génération*
à l'effectif de la génération en début de période.

Taux de fécondité générale. Rapport du nombre
de naissances au cours d'une période (en général
l'année) à la population des femmes fécondes en
milieu de période. Les femmes réputées fécondes
sont celles âgées de 15 à 49 ans.

© INSEE - C&D
Source : INSEE - RP 1990

Limites

——— Région
——— Département
——— Arrondissement

AU cours de l'année 1992, 523 000 personnes sont décédées en France métropolitaine. On dénombrait à peu près autant de décès avant la Seconde Guerre mondiale, pour une population inférieure d'un tiers. C'est le signe de l'augmentation spectaculaire de notre longévité : les Français qui naissent actuellement peuvent espérer vivre une quinzaine d'années de plus que s'ils étaient nés cinquante ans plus tôt. L'espérance de vie à la naissance est de 73 ans pour les hommes, de 81 ans pour les femmes.

Les Françaises sont parmi celles qui vivent le plus longtemps au monde. Les Français, dans la moyenne de l'Union européenne, sont un peu moins bien placés, plus touchés par les méfaits du tabagisme et de l'alcoolisme et par les risques de mort violente (accidents, suicides). Les femmes ont plus profité que les hommes des progrès de la médecine. L'écart d'espérance de vie entre les deux sexes est passé de six ans en 1946 à plus de huit ans actuellement. Mais, après deux siècles d'une croissance presque continue, cet écart s'est stabilisé ces dernières années.

Pendant longtemps, les gains en espérance de vie étaient dus à la baisse de mortalité aux âges très jeunes. La mortalité infantile, qui continue encore de diminuer, est arrivée à un niveau très faible : 7,2 décès pour mille naissances en 1992, 9,7 dix ans plus tôt. Les progrès actuels dans ce domaine se situent essentiellement aux premiers jours de la vie.

La diminution de la mortalité aux âges élevés a été très forte dans les années cinquante, grâce à l'arrivée des antibiotiques et à l'instauration de la Sécurité sociale. L'allongement de la vie moyenne a marqué le pas dans les années soixante et a repris à la fin des années soixante-dix avec les succès obtenus dans la lutte contre les maladies dégénératives. Ainsi, depuis peu, les maladies cardio-vasculaires ont cessé d'être la première cause de mortalité, dépassées par les tumeurs. Ces dernières commencent à diminuer chez les femmes.

Les gains actuels d'espérance de vie sont d'un an tous les quatre ans. En prolongeant cette tendance tout à fait réaliste, les hommes pourront

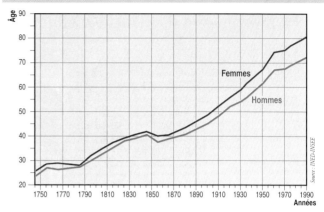

Espérance de vie par sexe en France métropolitaine depuis 1745

Source : INED-INSEE

espérer vivre en moyenne jusqu'à 78 ans, les femmes jusqu'à 86 ans et demi en 2020. On vit et on vivra plus vieux et en meilleure santé à chaque âge que par le passé : l'espérance de vie sans incapacité (63,8 ans pour les hommes, 68,5 ans pour les femmes en 1991) augmente plus vite que l'espérance de vie totale.

L'espérance de vie est plus faible dans un arc menant de la Bretagne à l'Alsace en passant par le Nord-Pas-de-Calais. L'alcoolisme ou des activités professionnelles plus rudes expliquent cette différence. On vit plus vieux vers les Pays de la Loire, en Poitou-Charentes et en Midi-Pyrénées. Cet avantage n'est pas nouveau, mais n'a jamais été bien élucidé : s'agit-il du climat, de la graisse d'oie, des vins de bonne qualité ? Ailleurs, une grande longévité peut s'expliquer par une structure socioprofessionnelle particulière, comme dans la banlieue sud-ouest de Paris : à 35 ans, un homme professeur peut espérer vivre neuf ans de plus qu'un ouvrier manœuvre.

La mortalité, mesurée par le rapport du nombre de décès à la population totale, est plus importante dans le centre et le Sud-Ouest de la France. La population est plus âgée et donc plus soumise au risque de décès.

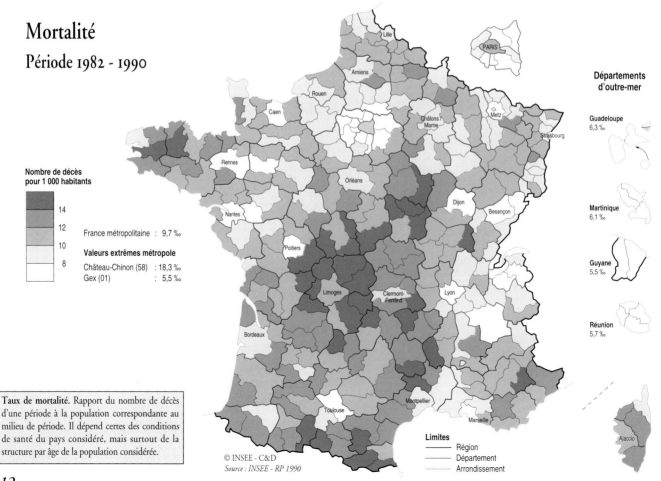

Mortalité
Période 1982 - 1990

Nombre de décès pour 1 000 habitants

- 14
- 12
- 10
- 8

France métropolitaine : 9,7 ‰

Valeurs extrêmes métropole

Château-Chinon (58) : 18,3 ‰
Gex (01) : 5,5 ‰

Départements d'outre-mer

Guadeloupe
6,3 ‰

Martinique
6,1 ‰

Guyane
5,5 ‰

Réunion
5,7 ‰

Taux de mortalité. Rapport du nombre de décès d'une période à la population correspondante au milieu de période. Il dépend certes des conditions de santé du pays considéré, mais surtout de la structure par âge de la population considérée.

Limites

— Région
— Département
— Arrondissement

© INSEE - C&D
Source : INSEE - RP 1990

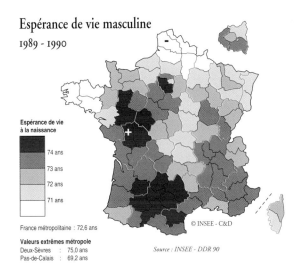

Espérance de vie masculine
1989 - 1990

Espérance de vie
à la naissance

74 ans
73 ans
72 ans
71 ans

France métropolitaine : 72,6 ans

Valeurs extrêmes métropole
Deux-Sèvres : 75,0 ans
Pas-de-Calais : 69,2 ans

© INSEE - C&D

Source : INSEE - DDR 90

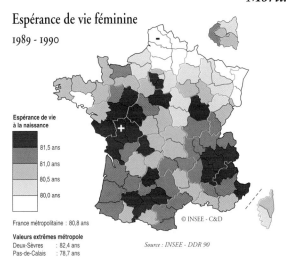

Espérance de vie féminine
1989 - 1990

Espérance de vie
à la naissance

81,5 ans
81,0 ans
80,5 ans
80,0 ans

France métropolitaine : 80,8 ans

Valeurs extrêmes métropole
Deux-Sèvres : 82,4 ans
Pas-de-Calais : 78,7 ans

© INSEE - C&D

Source : INSEE - DDR 90

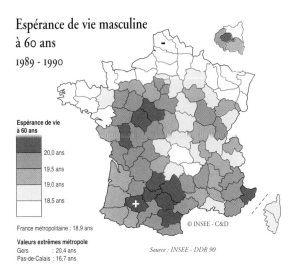

Espérance de vie masculine
à 60 ans
1989 - 1990

Espérance de vie
à 60 ans

20,0 ans
19,5 ans
19,0 ans
18,5 ans

France métropolitaine : 18,9 ans

Valeurs extrêmes métropole
Gers : 20,4 ans
Pas-de-Calais : 16,7 ans

© INSEE - C&D

Source : INSEE - DDR 90

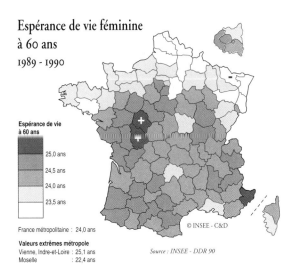

Espérance de vie féminine
à 60 ans
1989 - 1990

Espérance de vie
à 60 ans

25,0 ans
24,5 ans
24,0 ans
23,5 ans

France métropolitaine : 24,0 ans

Valeurs extrêmes métropole
Vienne, Indre-et-Loire : 25,1 ans
Moselle : 22,4 ans

© INSEE - C&D

Source : INSEE - DDR 90

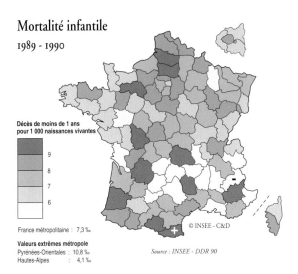

Mortalité infantile
1989 - 1990

Décès de moins de 1 ans
pour 1 000 naissances vivantes

9
8
7
6

France métropolitaine : 7,3 ‰

Valeurs extrêmes métropole
Pyrénées-Orientales : 10,8 ‰
Hautes-Alpes : 4,1 ‰

© INSEE - C&D

Source : INSEE - DDR 90

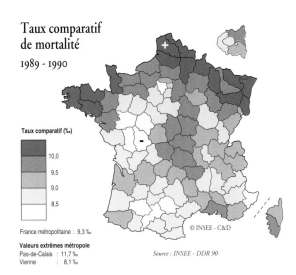

Taux comparatif
de mortalité
1989 - 1990

Taux comparatif (‰)

10,0
9,5
9,0
8,5

France métropolitaine : 9,3 ‰

Valeurs extrêmes métropole
Pas-de-Calais : 11,7 ‰
Vienne : 8,1 ‰

© INSEE - C&D

Source : INSEE - DDR 90

Mortalité infantile en France métropolitaine de 1920 à 1991

en ‰

1945

Source : INSEE

1920   1930   1940   1950   1960   1970   1980   1990

Années

Espérance de vie. Moyenne des durées de vie d'une génération fictive qui serait soumise toute sa vie aux quotients de mortalité par âge de l'année d'observation. L'espérance de vie à la naissance prend en compte tous les quotients de mortalité, y compris celui de mortalité infantile ; l'espérance de vie à un âge déterminé ne prend en compte que les quotients de mortalité au-delà de cet âge.

Taux comparatif de mortalité. Il représente le taux de mortalité qui serait observé dans le département si celui-ci avait la même structure d'âge que la France.

Taux de mortalité infantile. Il exprime le nombre d'enfants n'ayant pas atteint le terme de leur première année pour 1 000 naissances vivantes dans la même année.

L A légère accélération de la croissance de la population française (+ 0,46 % annuellement entre 1975 et 1982, + 0,51 % entre 1982 et 1990) est le résultat de l'accroissement des deux composantes de la variation de la population : l'accroissement naturel, c'est-à-dire l'excédent des naissances sur les décès, et le solde des migrations, nombre des entrées sur le territoire diminué de celui des sorties. Tombé de + 2 055 900 entre 1968 et 1975 à + 1 485 700 entre 1975 et 1982, l'excédent naturel remonte à + 1 828 000 entre 1982 et 1990. Le solde migratoire s'est situé à + 452 400, chiffre intermédiaire de ceux des deux périodes précédentes, 823 800 entre 1968 et 1975 et 267 600 entre 1975 et 1982.

Au niveau local, l'ampleur des naissances et des décès est une conséquence des migrations antérieures. Les disparités de fécondité et d'espérance de vie observées sur le territoire ne sont pas telles qu'elles puissent expliquer les différents gains ou déficits naturels observés dans chaque arrondissement. Au contraire, c'est essentiellement la structure de la population par âge qui détermine l'importance de l'accroissement naturel. Un excédent des naissances traduit surtout la sur-représentation des jeunes adultes dans les métropoles urbaines et leur périphérie. En revanche, les arrondissements où les décès l'emportent, dans le Massif central, les Pyrénées et le centre de la Bretagne, sont ceux où plusieurs décennies de départ de jeunes et de retour de retraités au pays ont conduit à une prédominance du troisième âge.

Le solde migratoire récent laisse présumer de ce que sera l'évolution démographique future. Il est fortement négatif dans le quart nord-est du pays et dans d'autres régions qui ont aussi connu des difficultés économiques : basse vallée de Seine, Basse-Normandie, Pays de la Loire, vallée de la Saône et Auvergne. On observe aussi un desserrement de population des grandes métropoles vers leur périphérie. La combinaison de ces événements dessine deux vastes zones de « dépression démographique ». La première, la plus vaste, est formée par le Massif central, auquel s'ajou-

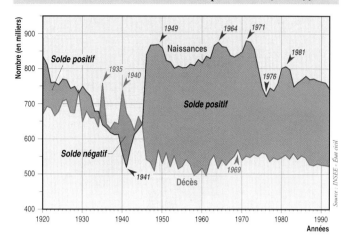

L'accroissement naturel en France métropolitaine de 1920 à 1992

Source : INSEE - État civil

te au nord la Saône-et-Loire, la Nièvre et le Cher. Dans cette zone, les décès sont supérieurs aux naissances et dans de nombreux arrondissements, les départs sont supérieurs aux arrivées. Dans la deuxième zone, centrée sur les Ardennes et la Lorraine, l'excédent naturel ne compense pas un solde migratoire fortement négatif.

Accroissement naturel (ou excédent naturel). Différence entre le nombre de décès et de naissances enregistrés au cours d'une période. Les mots excédent ou accroissement sont justifiés par le fait qu'en général, le nombre de naissances est supérieur à celui des décès. Mais l'inverse peut se produire, et l'excédent est alors négatif : cas de la France de 1935 à 1944.

Solde migratoire. Différence au cours d'une période entre le nombre de personnes venant résider dans un pays (immigration) et le nombre de celles allant résider à l'étranger (émigration). La notion de solde migratoire s'applique aussi à toute circonscription (région, département, commune, etc) mais prend alors en compte non seulement les échanges avec l'étranger (migrations extérieures) mais aussi les échanges avec les autres circonscriptions (migrations intérieures).

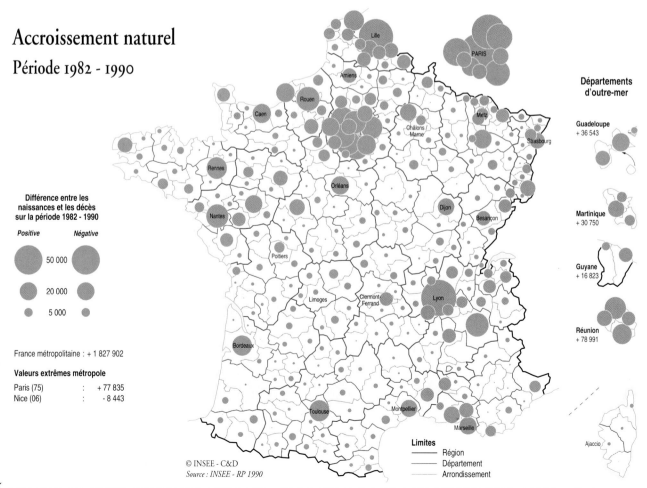

Accroissement naturel
Période 1982 - 1990

Différence entre les naissances et les décès sur la période 1982 - 1990

Positive — Négative

50 000

20 000

5 000

France métropolitaine : + 1 827 902

Valeurs extrêmes métropole

Paris (75) : + 77 835
Nice (06) : - 8 443

Départements d'outre-mer

Guadeloupe
+ 36 543

Martinique
+ 30 750

Guyane
+ 16 823

Réunion
+ 78 991

Limites
— Région
— Département
---- Arrondissement

© INSEE - C&D
Source : INSEE - RP 1990

Solde migratoire

Période 1982 - 1990

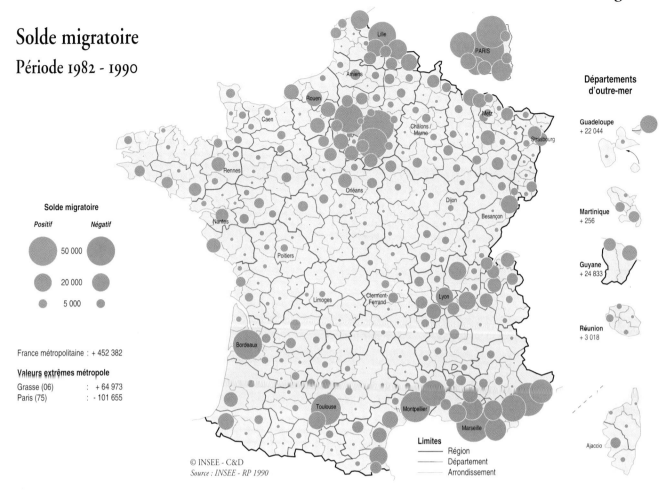

Solde migratoire

Positif   *Négatif*

50 000

20 000

5 000

France métropolitaine : + 452 382

Valeurs extrêmes métropole

Grasse (06)   : + 64 973
Paris (75)   : - 101 655

**Départements
d'outre-mer**

Guadeloupe
+ 22 044

Martinique
+ 256

Guyane
+ 24 833

Réunion
+ 3 018

Limites
— Région
— Département
— Arrondissement

© INSEE - C&D
Source : INSEE - RP 1990

Évolution de la population

Période 1982 - 1990
(soldes naturel et migratoire)

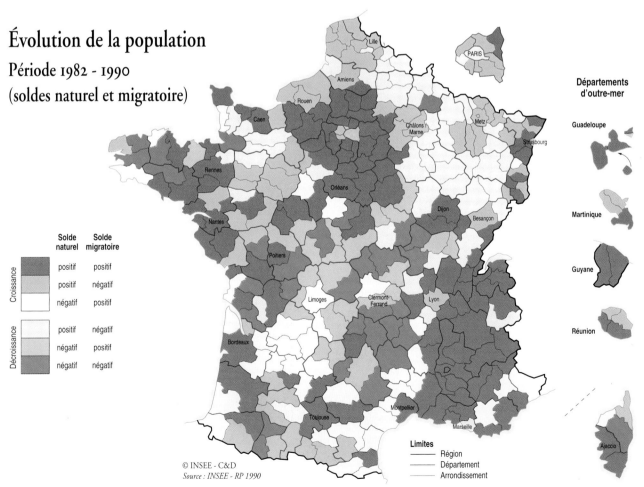

	Solde naturel	Solde migratoire
Croissance	positif	positif
	positif	négatif
	négatif	positif
Décroissance	positif	négatif
	négatif	positif
	négatif	négatif

**Départements
d'outre-mer**

Guadeloupe

Martinique

Guyane

Réunion

Limites
— Région
— Département
— Arrondissement

© INSEE - C&D
Source : INSEE - RP 1990

15

L ES migrations sont la principale cause qui explique que la répartition de la population par âge diffère d'un arrondissement à l'autre. Elles déterminent ensuite en grande partie le niveau des naissances et des décès, c'est-à-dire le sens positif ou négatif de l'évolution naturelle. Le départ de jeunes actifs vers les grandes métropoles prive les zones rurales et les petits bourgs de leur dynamisme et compromet la natalité future. *A contrario,* une forte immigration de retraités accroît le poids relatif des personnes âgées dans une zone donnée, ce qui accentue ou maintient le vieillissement. La structure par âge des mouvements migratoires est donc un élément essentiel pour comprendre l'évolution future de la population. Deux grandes catégories d'arrondissements peuvent être distinguées suivant les migrations des jeunes : ceux qui voient partir leurs jeunes (15-19 ans) et ceux qui les voient arriver. Dans chacune de ces deux catégories, le niveau de migration des adultes et des personnes âgées détermine trois classes.

Les arrondissements qui accueillent les jeunes sont ceux de l'Île-de-France, les arrondissements centrés sur une ville universitaire importante, ainsi ceux qui entourent Genève. L'Île-de-France se particularise en raison d'une forte immigration de jeunes, combinée à une émigration d'adultes à partir de 30 ans qui culmine à l'âge de la retraite. Les arrondissements frontaliers avec la Suisse attirent de leur côté une bonne partie de ceux qui, travaillant en Suisse, résident en France. Vers 18 ans, âge auquel débutent des études supérieures, les profils migratoires des arrondissements possédant une université présentent un pic. L'attrait exercé par l'enseignement supérieur explique une partie de ce phénomène mais on relève aussi dans les migrants une part importante de jeunes actifs. La perspective de trouver un emploi est en effet supérieure dans les métropoles régionales. Ces mouvements de jeunes tendent ainsi à appauvrir les zones limitrophes.

Les zones qui connaissent une émigration de leurs jeunes sont, elles aussi, diverses et variées. D'un côté se trouve la périphérie du Bassin parisien, Rhône-Alpes, les côtes de la Méditerranée et de l'Atlantique.

Les jeunes partent suivre des études, mais ces arrondissements attirent des actifs et des retraités et bénéficient ainsi d'excédents migratoires à presque tous les âges. De l'autre côté, le groupe des régions de l'Ouest (Bretagne, Pays de Loire, Poitou-Charentes), du Massif central, ainsi que les régions du Nord et de l'Est, où la situation de l'emploi s'est dégradée et le chômage a fortement progressé. La perte des jeunes n'est pas compensée par un apport d'adultes. Au-delà de 25 ans, le profil migratoire est stable : on comptabilise autant de départs que d'arrivées.

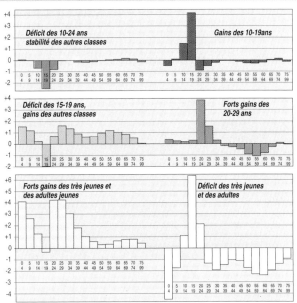

Soldes migratoires par classe d'âge

Profil des 6 classes avec le quotient migratoire annuel par classe d'âge

Soldes migratoires par classe d'âge

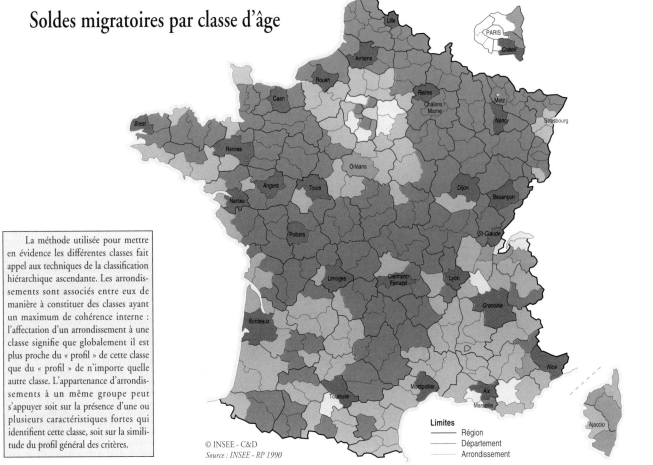

La méthode utilisée pour mettre en évidence les différentes classes fait appel aux techniques de la classification hiérarchique ascendante. Les arrondissements sont associés entre eux de manière à constituer des classes ayant un maximum de cohérence interne : l'affectation d'un arrondissement à une classe signifie que globalement il est plus proche du « profil » de cette classe que du « profil » de n'importe quelle autre classe. L'appartenance d'arrondissements à un même groupe peut s'appuyer soit sur la présence d'une ou plusieurs caractéristiques fortes qui identifient cette classe, soit sur la similitude du profil général des critères.

© INSEE - C&D
Source : INSEE - RP 1990

Limites
— Région
— Département
— Arrondissement

Migrations annuelles des 15 - 34 ans

Période 1975 - 1990

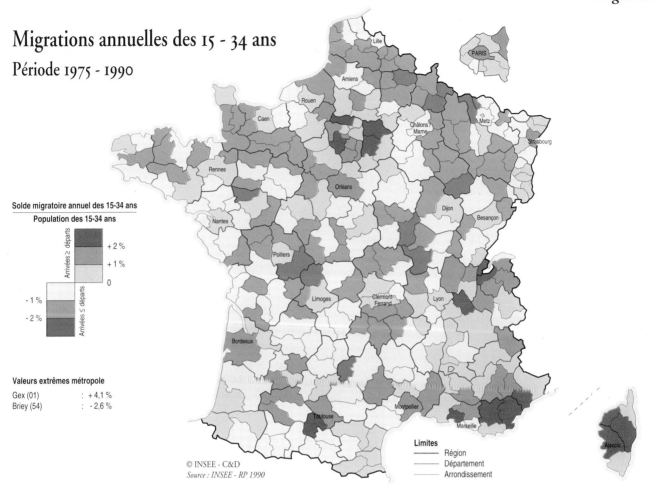

Solde migratoire annuel des 15-34 ans
Population des 15-34 ans

Arrivées ≥ départs
+ 2 %
+ 1 %
0
- 1 %
- 2 %
Arrivées ≤ départs

Valeurs extrêmes métropole

Gex (01)	: + 4,1 %
Briey (54)	: - 2,6 %

© INSEE - C&D
Source : INSEE - RP 1990

Limites
— Région
— Département
— Arrondissement

Migrations annuelles des 55 - 64 ans

Période 1975 - 1990

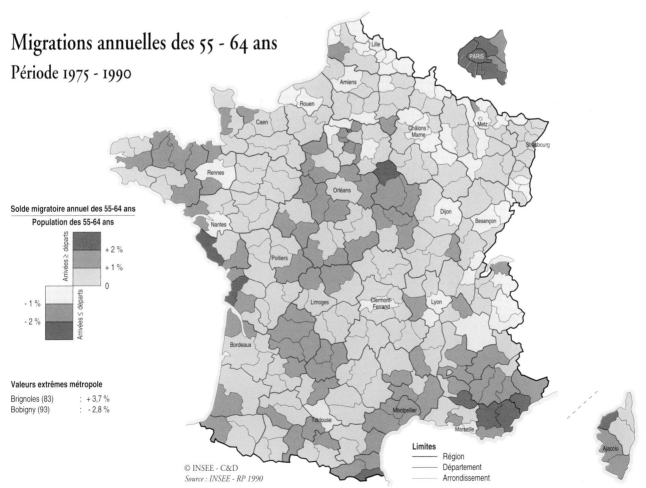

Solde migratoire annuel des 55-64 ans
Population des 55-64 ans

Arrivées ≥ départs
+ 2 %
+ 1 %
0
- 1 %
- 2 %
Arrivées ≤ départs

Valeurs extrêmes métropole

Brignoles (83)	: + 3,7 %
Bobigny (93)	: - 2,8 %

© INSEE - C&D
Source : INSEE - RP 1990

Limites
— Région
— Département
— Arrondissement

Structure par âge

LA diminution du nombre de naissances et l'allongement de la durée de la vie entraînent un vieillissement de la population. En métropole, le nombre des moins de 20 ans a baissé d'un million entre 1975 et 1990. Dans le même laps de temps, les personnes de plus de 60 ans ont été 1 400 000 de plus. En 1990, un habitant sur cinq a dépassé la soixantaine, soit plus de 11 millions de personnes ; parmi eux, 4 millions ont 75 ans ou plus. La part des moins de 20 ans dans la population totale est passée de 31 % en 1975 à 26,5 % en 1990 et celle des plus de 60 ans de 18 % à 20 %. Ce phénomène n'est pas propre à la France : il est même plus accentué encore dans la plupart des pays européens. Le vieillissement de la population a été spectaculaire dans certains pays qui étaient relativement jeunes dans les années soixante, tels le Danemark, la Grèce, l'Espagne ou l'Italie. La France se situe dans la moyenne par rapport à ses partenaires européens : l'âge moyen y est passé de 34,5 ans à 36,4 ans.

Pour synthétiser les disparités de structure par âge, il est nécessaire de raisonner relativement à la moyenne nationale. En effet, si l'ensemble du pays est confronté au vieillissement, tous les arrondissements ne possèdent pas la même pyramide des âges. Cette dernière est le reflet de l'histoire économique qui a pu entraîner les populations - et surtout les jeunes se présentant sur le marché du travail - à partir ou à arriver et, en conséquence, les enfants à naître ici où là.

Une première opposition sépare les arrondissements du nord de la Loire à ceux du sud. Traditionnellement plus féconds, les premiers possèdent dans leur ensemble une pyramide des âges similaire à celle de la France. Les moins de 20 ans y sont même plus représentés. La région parisienne se situe à part en raison d'un fort apport de jeunes adultes de 30 à 45 ans accompagnés de leurs enfants.

Le Sud, moins fécond mais disposant par contre d'une espérance de vie plus importante, se distingue par une sur-représentation des personnes âgées. Le vieillissement de la population est particulièrement accentué dans les arrondissements ruraux en perte de vitesse de l'ouest et du sud du Massif central.

À cette opposition spatiale se superpose un autre clivage. Les arrondissements centrés sur une ville universitaire bénéficient d'une immigration importante de jeunes. La présence de la faculté et la rotation de main-d'œuvre plus élevée dans ces métropoles attirent les jeunes des zones voisines. Ces arrondissements bénéficient d'une sur-représentation de la classe d'âge 20-30 ans qui fait défaut aux arrondissements voisins.

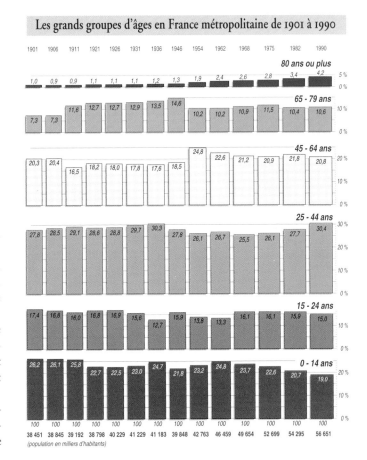

Les grands groupes d'âges en France métropolitaine de 1901 à 1990

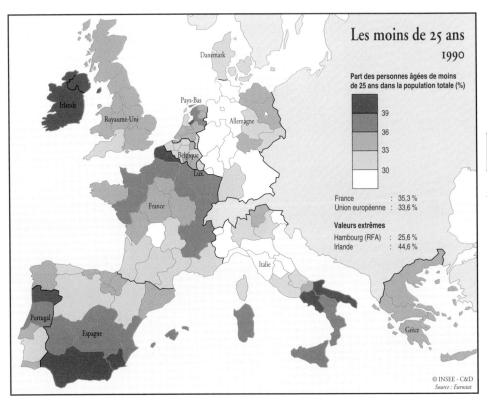

Les moins de 25 ans
1990

Part des personnes âgées de moins de 25 ans dans la population totale (%)

39
36
33
30

France : 35,3 %
Union européenne : 33,6 %

Valeurs extrêmes
Hambourg (RFA) : 25,6 %
Irlande : 44,6 %

© INSEE - C&D
Source : Eurostat

Part des moins de 25 ans dans l'Union européenne en 1990

	Nombre de jeunes (en millions)	Part des jeunes (%)
Allemagne	23,8	30,1
Belgique	3,2	32,3
Danemark	1,6	32,1
Espagne	14,4	37,0
France*	20,0	35,3
Grèce	3,3	33,5
Irlande	1,6	44,6
Italie	18,8	32,7
Luxembourg	0,1	30,6
Pays-Bas	5,1	34,2
Portugal	3,9	37,6
Royaume-Uni	19,5	34,0
Union européenne	**115,3**	**33,6**

* sans les DOM.

Source : Eurostat

Les classes d'âges

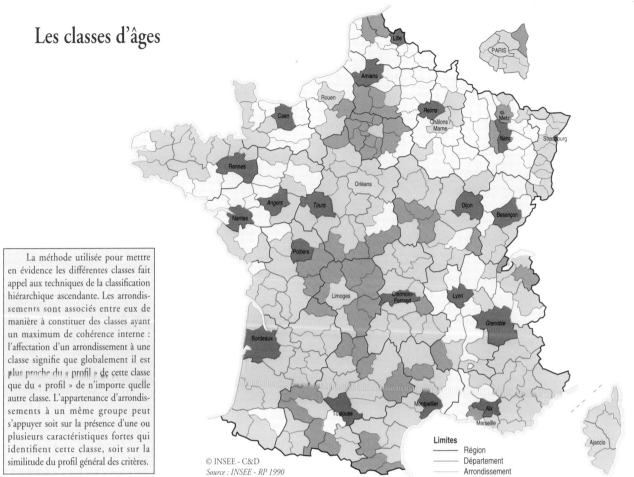

La méthode utilisée pour mettre en évidence les différentes classes fait appel aux techniques de la classification hiérarchique ascendante. Les arrondissements sont associés entre eux de manière à constituer des classes ayant un maximum de cohérence interne : l'affectation d'un arrondissement à une classe signifie que globalement il est plus proche du « profil » de cette classe que du « profil » de n'importe quelle autre classe. L'appartenance d'arrondissements à un même groupe peut s'appuyer soit sur la présence d'une ou plusieurs caractéristiques fortes qui identifient cette classe, soit sur la similitude du profil général des critères.

© INSEE - C&D
Source : INSEE - RP 1990

Limites
— Région
— Département
— Arrondissement

Pyramides des âges des profils représentatifs

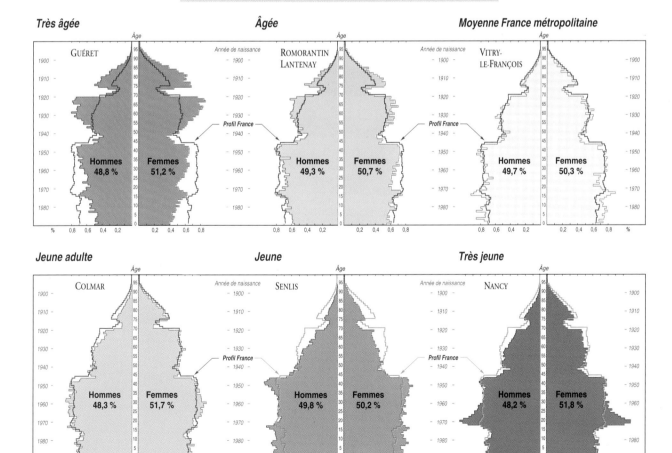

L A proportion de personnes âgées en un lieu est certes fonction de la longévité, mais aussi de la fécondité - qui joue directement sur la proportion de jeunes - et des courants migratoires passés.

Ainsi la physionomie générale de la carte de la proportion des plus de 60 ans est-elle comparable, en creux, à celle de la fécondité : on trouve, en proportion, beaucoup de personnes âgées là où il y a peu de jeunes, et inversement. C'est donc principalement dans le « croissant fertile » que l'on trouvera les plus faibles taux de personnes de plus de 60 ans. De Nantes à Lyon, en passant par Lille et l'Île-de-France, la Lorraine, on trouve rarement plus d'une personne sur quatre ayant dépassé cet âge. C'est au contraire le cas le plus fréquent dans le Massif central et le Sud-Ouest. La faible fécondité, traditionnelle dans ces régions, laisse la place aux plus de 60 ans qui peuvent, dans certains arrondissements, représenter plus d'un tiers de la population totale. Dans ce schéma apparaissent quelques exceptions autour des villes : Poitiers, Bordeaux, Toulouse, Clermont-Ferrand, Montpellier. Les arrondissements où se situent ces villes se distinguent par leur (très) relative jeunesse, en raison des courants migratoires qui font converger, notamment vers les universités, une population jeune. Celle-ci fait directement baisser la moyenne d'âge, mais aussi de façon indirecte par les naissances qui en résultent. Par le même phénomène, les taux les plus faibles se rencontrent dans les villes du croissant fertile (Nantes, Rennes, Caen, Orléans, Lille, Metz, Strasbourg, Besançon) et dans la grande couronne parisienne qui détient le record avec Melun, où seulement une personne sur neuf a plus de 60 ans.

Contrairement à une idée tenace, les personnes âgées ne sont pas particulièrement nombreuses dans la région Provence-Alpes-Côte d'Azur, excepté l'extrême sud-est de cette région. Les mouvements migratoires contribuent plutôt au rajeunissement de la population et la fécondité, quoique faible, tend à se rapprocher de la moyenne nationale. L'extrême jeunesse des départements d'outre-mer est également frappante, si on rapproche les chiffres observés à ceux de la métropole.

L'INSEE a effectué une projection de la proportion des personnes âgées en 2015, en supposant un comportement migratoire par âge constant et identique à celui qui a été observé dans un passé récent. Le résultat montre que les taches les plus claires (c'est-à-dire celles où il y aurait relativement moins de personnes âgées) correspondent aux villes principales qui continueraient, selon ce schéma, à attirer une population plutôt jeune. Il en irait de même pour les arrondissements périurbains, ainsi qu'il apparaît sur un espace débordant largement l'Île-de-France, autour de Lyon, Nantes, Strasbourg et même Marseille.

Les portions du territoire abandonnées par les jeunes en quête d'un travail verraient leur proportion de personnes âgées augmenter très rapidement pour atteindre des valeurs élevées dans les Pyrénées, le Massif central et certains arrondissements de l'Ouest de la France.

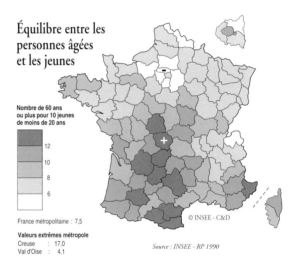

Équilibre entre les personnes âgées et les jeunes

Nombre de 60 ans
ou plus pour 10 jeunes
de moins de 20 ans

12
10
8
6

France métropolitaine : 7,5

Valeurs extrêmes métropole
Creuse : 17,0
Val d'Oise : 4,1

© INSEE - C&D

Source : INSEE - RP 1990

Les 60 ans ou plus

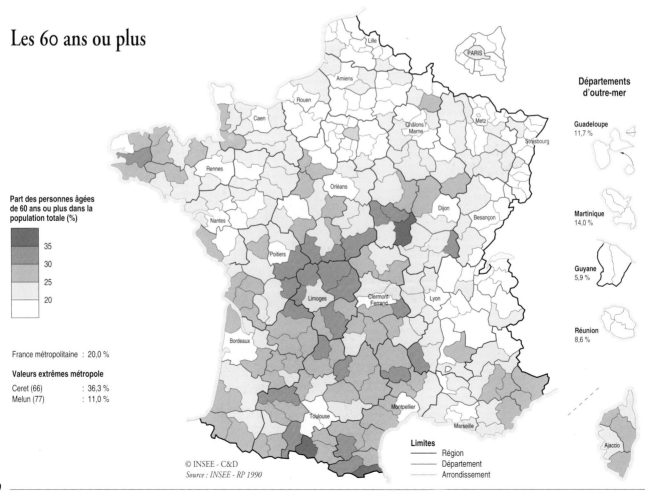

Part des personnes âgées de 60 ans ou plus dans la population totale (%)

35
30
25
20

France métropolitaine : 20,0 %

Valeurs extrêmes métropole

Ceret (66) : 36,3 %
Melun (77) : 11,0 %

Départements d'outre-mer

Guadeloupe
11,7 %

Martinique
14,0 %

Guyane
5,9 %

Réunion
8,6 %

Limites
—— Région
—— Département
—— Arrondissement

© INSEE - C&D
Source : INSEE - RP 1990

Évolution des 60 ans ou plus

Période 1982 - 1990

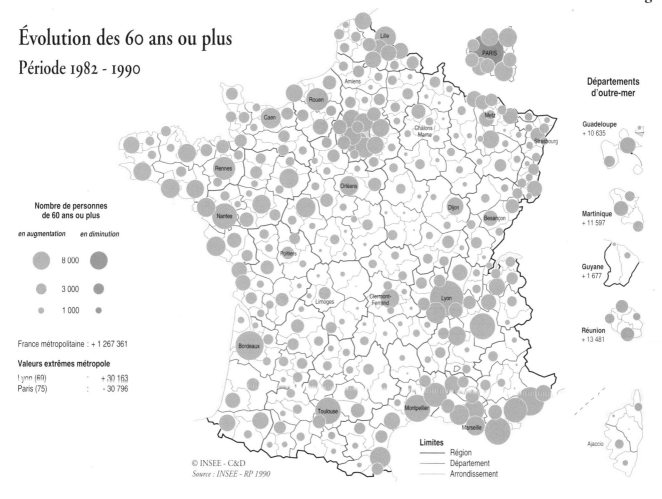

Nombre de personnes
de 60 ans ou plus

en augmentation   en diminution

8 000

3 000

1 000

France métropolitaine : + 1 267 361

Valeurs extrêmes métropole

Lyon (69)   :   + 30 163
Paris (75)   :   - 30 796

**Départements
d'outre-mer**

Guadeloupe
+ 10 635

Martinique
+ 11 597

Guyane
+ 1 677

Réunion
+ 13 481

Limites

— Région
— Département
— Arrondissement

© INSEE - C&D
Source : INSEE - RP 1990

Les 60 ans ou plus en 2015

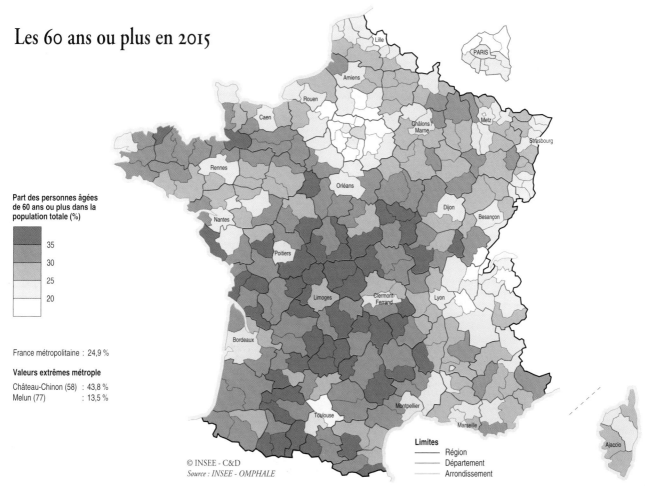

Part des personnes âgées
de 60 ans ou plus dans la
population totale (%)

35

30

25

20

France métropolitaine : 24,9 %

Valeurs extrêmes métrople

Château-Chinon (58)   : 43,8 %
Melun (77)   : 13,5 %

Limites

— Région
— Département
— Arrondissement

© INSEE - C&D
Source : INSEE - OMPHALE

Structures matrimoniales

Sur la base des situations de famille actuellement observées, on peut définir le portrait-robot du déroulement de la vie familiale des Français. L'homme moyen, sur une espérance de vie de 73 ans, passe 22 ans au domicile de ses parents, 38 ans en couple dont 19 ans avec des enfants ; la vie, passée seul, couvre 2 années avant 40 ans et 4 années après.

La femme moyenne qui vit 81 ans, quitte un peu plus tôt le toit familial : elle y vit 21 ans et demi. Elle passe plus de temps avec des enfants : 19 ans au sein d'un couple mais elle est plus souvent seule avec ses enfants (2 ans et demi en moyenne). Elle vit seule un peu moins que l'homme avant 40 ans mais beaucoup plus ensuite : près de 10 ans. Dans les autres situations de vie, par exemple au domicile de ses enfants ou en maison de retraite, les hommes passent près de 7 ans et les femmes près de 8 ans.

La solitude des personnes âgées touche donc surtout les femmes. Avec l'allongement de leur vie plus important que celui des hommes, la solitude a augmenté d'autant plus que la durée passée au domicile des enfants s'est réduite (de 8 à 6 années en 20 ans). Elle s'observe avec une acuité particulière en Bretagne, en Normandie, dans les régions du Nord et du Nord-Est où les hommes meurent plus précocement en raison d'une vie de travail souvent pénible dans la pêche ou la grande industrie et d'une forte prégnance de l'alcoolisme.

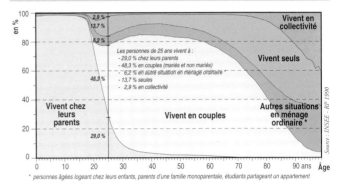

Mode de cohabitation des habitants en France métropolitaine en 1990

* personnes âgées logeant chez leurs enfants, parents d'une famille monoparentale, étudiants partageant un appartement

Les jeunes gens se marient de moins en moins volontiers et, s'ils se décident, c'est de plus en plus tard, après la stabilisation de leur situation professionnelle. En dix ans, l'âge au mariage a reculé de trois ans : en 1993, le jeune marié a 28 ans et son épouse en a 26. Le célibat des jeunes adultes est particulièrement important à Paris et dans le Midi. Le modèle de la cohabitation hors mariage continue à se diffuser ; ceux qui l'adoptent s'y installent de plus en plus durablement. La reconnaissance des couples non mariés par la Sécurité sociale et les Caisses d'allocations familiales leur facilitent la vie.

Le nombre annuel de divorces s'est accru dans les années soixante-dix pour se stabiliser dans une fourchette de 105 000 à 110 000 depuis 1984. L'augmentation était déjà sensible avant la loi de 1976 sur le divorce par consentement mutuel. Si les tendances actuelles se prolongent, plus d'un mariage sur trois se conclura par un divorce. Parallèlement, les remariages de personnes divorcées sont de moins en moins fréquents. En raison de sa banalisation, le divorce s'étend au-delà des grandes villes et du Midi méditerranéen où il fut localisé naguère. Il n'est plus que quelques régions au catholicisme plus traditionnel où le phénomène reste rare.

Mariages et divorces en France métropolitaine de 1920 à 1991

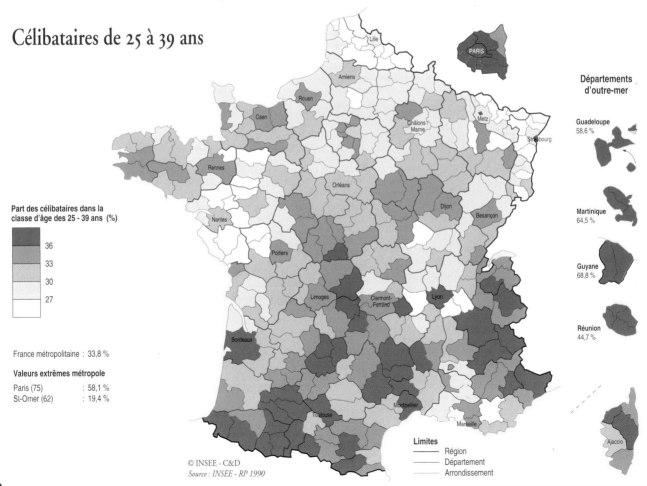

Célibataires de 25 à 39 ans

Part des célibataires dans la classe d'âge des 25 - 39 ans (%)

36
33
30
27

France métropolitaine : 33,8 %

Valeurs extrêmes métropole

Paris (75) : 58,1 %
St-Omer (62) : 19,4 %

Départements d'outre-mer

Guadeloupe 58,6 %

Martinique 64,5 %

Guyane 68,8 %

Réunion 44,7 %

Limites
Région
Département
Arrondissement

© INSEE - C&D
Source : INSEE - RP 1990

Mariés - divorcés

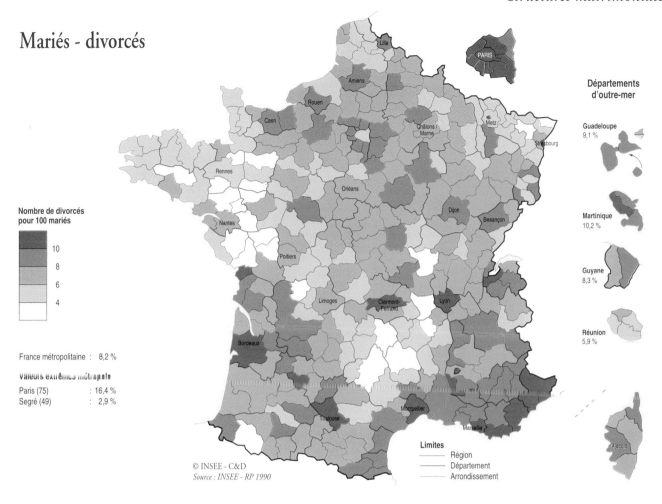

**Nombre de divorcés
pour 100 mariés**

	10
	8
	6
	4

France métropolitaine : 8,2 %

Valeurs extrêmes métropole

Paris (75)   : 16,4 %
Segré (49)   :   2,9 %

**Départements
d'outre-mer**

Guadeloupe
9,1 %

Martinique
10,2 %

Guyane
8,3 %

Réunion
5,9 %

Limites

—— Région
—— Département
—— Arrondissement

© INSEE - C&D
Source : INSEE - RP 1990

Personnes âgées vivant seules

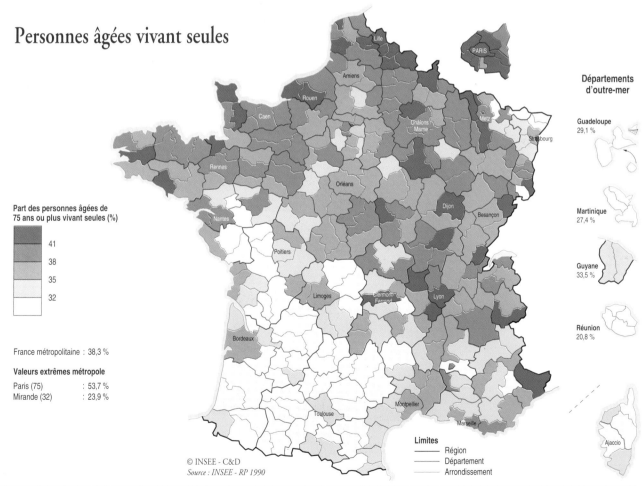

**Part des personnes âgées de
75 ans ou plus vivant seules (%)**

	41
	38
	35
	32

France métropolitaine : 38,3 %

Valeurs extrêmes métropole

Paris (75)   : 53,7 %
Mirande (32)   : 23,9 %

**Départements
d'outre-mer**

Guadeloupe
29,1 %

Martinique
27,4 %

Guyane
33,5 %

Réunion
20,8 %

Limites

—— Région
—— Département
—— Arrondissement

© INSEE - C&D
Source : INSEE - RP 1990

L A prolongation des études a été une des grandes caractéristiques des dernières décennies. Depuis dix ans, l'évolution s'est accentuée. Elle résulte de la conjonction d'une demande de travailleurs qualifiés de la part du système productif, d'une forte demande de scolarisation de la part des familles qui perçoivent qu'un meilleur diplôme est un gage d'insertion professionnelle, mais aussi d'une politique éducative volontariste.

En dix ans, de 1983 à 1993, le nombre d'élèves et d'étudiants est passé de 2,6 à 3,7 millions. La progression de la scolarité a été particulièrement forte pour la tranche d'âge de 18 à 21 ans. Le développement des classes passerelles permettant la poursuite des études après l'obtention d'un BEP et la création des baccalauréats professionnels en 1987 ont contribué à pousser jusqu'au baccalauréat une part de plus en plus grande de chaque classe d'âge.

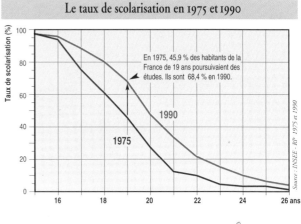

En 1975, 45,9 % des habitants de la France de 19 ans poursuivaient des études. Ils sont 68,4 % en 1990.

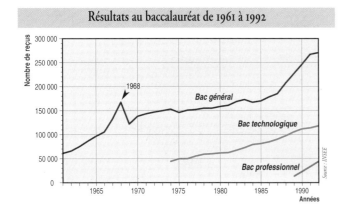

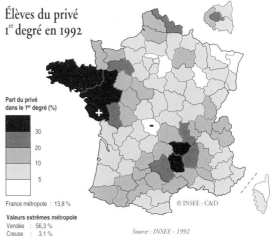

Élèves du privé
1er degré en 1992

Part du privé
dans le 1er degré (%)

France métropole : 13,8 %

Valeurs extrêmes métropole
Vendée : 56,3 %
Creuse : 3,1 %

Source : INSEE - 1992

Jeunes de 18 à 24 ans titulaires du baccalauréat

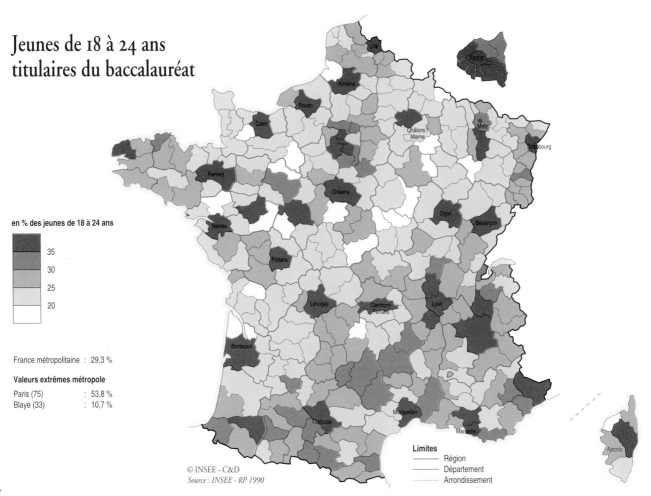

en % des jeunes de 18 à 24 ans

35
30
25
20

France métropolitaine : 29,3 %

Valeurs extrêmes métropole

Paris (75) : 53,8 %
Blaye (33) : 10,7 %

© INSEE - C&D
Source : INSEE - RP 1990

Limites
Région
Département
Arrondissement

Enfants de 3 à 10 ans
Évolution 1982 - 1990

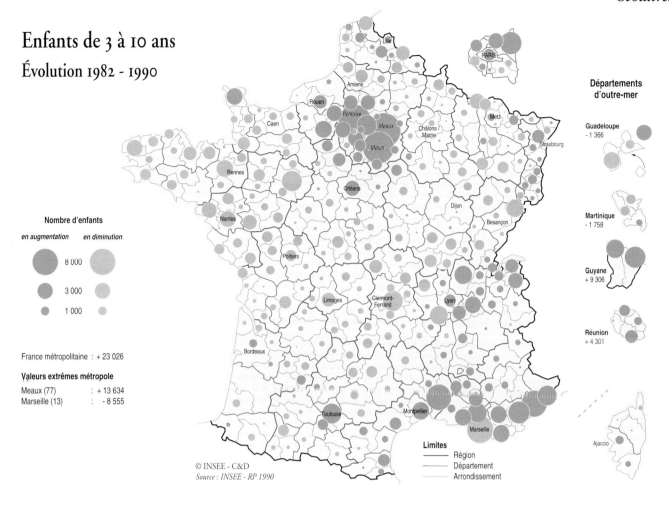

Nombre d'enfants

en augmentation   en diminution

8 000

3 000

1 000

France métropolitaine : + 23 026

Valeurs extrêmes métropole

Meaux (77)   : + 13 634
Marseille (13)   :   - 8 555

Départements
d'outre-mer

Guadeloupe
- 1 366

Martinique
- 1 758

Guyane
+ 9 306

Réunion
+ 4 301

© INSEE - C&D
Source : INSEE - RP 1990

Limites
— Région
— Département
— Arrondissement

Jeunes de 15 à 24 ans
Évolution 1982 - 1990

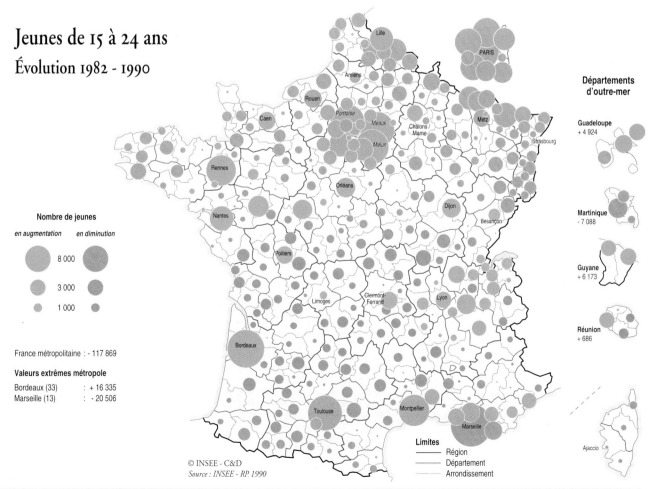

Nombre de jeunes

en augmentation   en diminution

8 000

3 000

1 000

France métropolitaine : - 117 869

Valeurs extrêmes métropole

Bordeaux (33)   : + 16 335
Marseille (13)   :   - 20 506

Départements
d'outre-mer

Guadeloupe
+ 4 924

Martinique
- 7 088

Guyane
+ 6 173

Réunion
+ 686

© INSEE - C&D
Source : INSEE - RP 1990

Limites
— Région
— Département
— Arrondissement

L'IMMIGRATION en France est un phénomène ancien qui s'est développé au rythme de l'industrialisation du pays et des bouleversements politiques des pays voisins. Après la Seconde Guerre mondiale, l'immigration fut un impératif pour reconstruire et développer l'industrie, alors que la population française en âge de travailler était peu nombreuse du fait de la saignée de la Première Guerre mondiale et de la faible natalité de l'Entre-deux-guerres. La part des ressortissants des pays européens, forte avant la guerre, a diminué au profit des nationalités du Maghreb, de Turquie et d'Afrique noire. Les restrictions décidées en 1974, destinées à suspendre l'immigration de travailleurs venant de l'extérieur de l'Union européenne, ont limité les flux d'immigration. Parallèlement, l'immigration au titre du regroupement familial a pris une place prépondérante.

Les étrangers sont inégalement répartis sur le territoire : 38 % d'entre eux résident en Île-de-France. En dehors de la capitale, les étrangers sont nombreux dans les zones de fort dynamisme industriel des années soixante et soixante-dix. À l'inverse, les régions de l'Ouest accueillent peu d'étrangers. Cependant, depuis le début de la crise, il se produit un lent mouvement de rééquilibrage. Ainsi, le nombre d'étrangers augmente là où il est faible alors qu'il diminue, et parfois fortement, dans les anciennes régions minières ou sidérurgiques et sur la façade méditerranéenne. Il y a cependant plusieurs exceptions à cette évolution : la population étrangère a augmenté de plus d'un tiers depuis 1974 dans le Bas-Rhin, en Seine-Saint-Denis et dans le Val-d'Oise, alors qu'elle y était déjà importante.

Les étrangers vivent plutôt dans les grandes villes : les deux tiers d'entre eux résident dans des communes de plus de 100 000 habitants. Ils habitent très souvent dans des quartiers dont la situation sociale est dégradée et qui, de ce fait, font l'objet de conventions entre les communes, les régions et l'État : les « quartiers prioritaires ». Dans ces quartiers, près de 20 % de la population est étrangère.

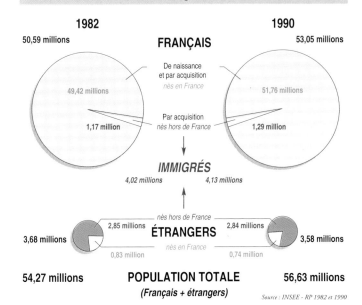

Français, étrangers et immigrés résidant en France métropolitaine en 1982 et 1990

Source : INSEE - RP 1982 et 1990

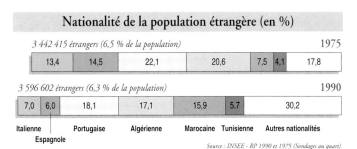

Nationalité de la population étrangère (en %)

Source : INSEE - RP 1990 et 1975 (Sondages au quart)

Les étrangers

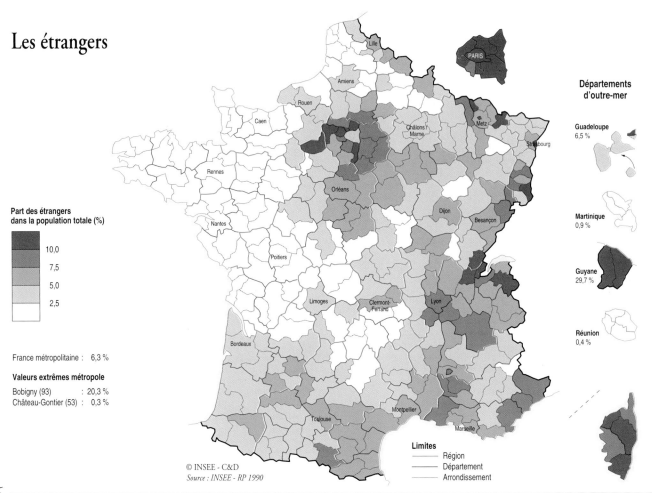

Part des étrangers dans la population totale (%)

10,0
7,5
5,0
2,5

France métropolitaine : 6,3 %

Valeurs extrêmes métropole

Bobigny (93)   : 20,3 %
Château-Gontier (53) : 0,3 %

Départements d'outre-mer

Guadeloupe 6,5 %
Martinique 0,9 %
Guyane 29,7 %
Réunion 0,4 %

Limites
—— Région
—— Département
—— Arrondissement

© INSEE - C&D
Source : INSEE - RP 1990

Étrangers de l'Union européenne

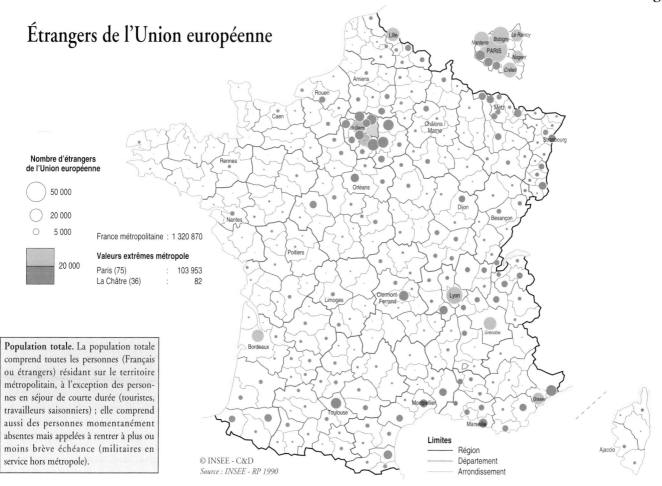

**Nombre d'étrangers
de l'Union européenne**

○ 50 000

○ 20 000

○ 5 000

France métropolitaine : 1 320 870

□ 20 000

Valeurs extrêmes métropole

Paris (75) : 103 953
La Châtre (36) : 82

Population totale. La population totale comprend toutes les personnes (Français ou étrangers) résidant sur le territoire métropolitain, à l'exception des personnes en séjour de courte durée (touristes, travailleurs saisonniers) ; elle comprend aussi des personnes momentanément absentes mais appelées à rentrer à plus ou moins brève échéance (militaires en service hors métropole).

© INSEE - C&D
Source : INSEE - RP 1990

Limites

—— Région
—— Département
—— Arrondissement

Étrangers hors Union européenne

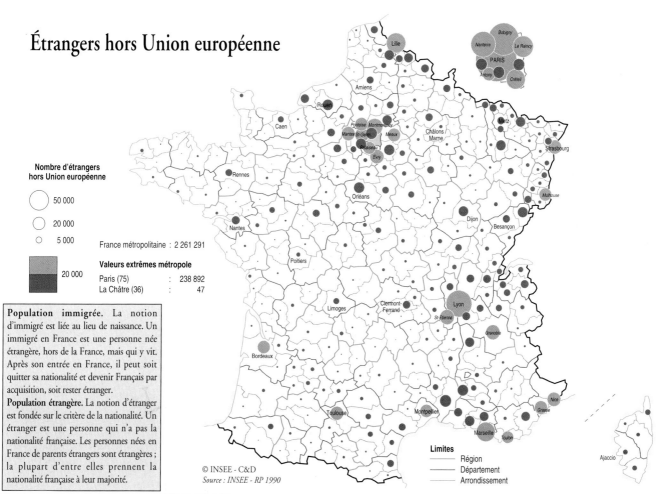

**Nombre d'étrangers
hors Union européenne**

○ 50 000

○ 20 000

○ 5 000

France métropolitaine : 2 261 291

□ 20 000

Valeurs extrêmes métropole

Paris (75) : 238 892
La Châtre (36) : 47

Population immigrée. La notion d'immigré est liée au lieu de naissance. Un immigré en France est une personne née étrangère, hors de la France, mais qui y vit. Après son entrée en France, il peut soit quitter sa nationalité et devenir Français par acquisition, soit rester étranger.
Population étrangère. La notion d'étranger est fondée sur le critère de la nationalité. Un étranger est une personne qui n'a pas la nationalité française. Les personnes nées en France de parents étrangers sont étrangères ; la plupart d'entre elles prennent la nationalité française à leur majorité.

© INSEE - C&D
Source : INSEE - RP 1990

Limites

—— Région
—— Département
—— Arrondissement

L E nombre d'emplois en France métropolitaine s'établit à environ 22 millions. À partir de 1963 et jusqu'à la crise pétrolière de 1974, le dynamisme économique a entraîné la création nette de 2 millions d'emplois. Après deux années de baisse, en 1974 et 1975, l'emploi est reparti mais il a plafonné aux alentours de 21,6 millions jusqu'en 1983. En 1984, la baisse a été importante : 250 000 emplois perdus. Au 1er janvier 1985, l'emploi total se situait à un niveau inférieur à celui du 1er janvier 1977. Il a ensuite amorcé une légère reprise : les années 1987 à 1990 ont été particulièrement favorables. La croissance économique a retrouvé un rythme inconnu depuis la crise pétrolière de 1974 (+ 4 % en 1988 et 1989). Les créations ont alors culminé avec un gain de 330 000 emplois pour la seule année 1989. Cette embellie a été de courte durée et le retournement conjoncturel observé depuis 1991 a trouvé une traduction directe dans les chiffres du marché de l'emploi. Ainsi la baisse du chômage observée au cours de la période 1987-1990 a été plus qu'annulée depuis. Tous secteurs confondus, 479 000 emplois ont été perdus au cours des années 1991-1993. Pour 1991 et 1992, l'industrie a perdu 400 000 emplois.

La localisation des emplois se confond, pour une large part, avec celle de la population. Toutefois, l'évolution globale du marché de l'emploi masque de nombreuses disparités géographiques. Dans le quart nord-est du pays et dans les régions du centre de la France (Auvergne, Limousin), les pertes d'emplois sont très nombreuses. À l'inverse, le quart sud-est de la France, le littoral atlantique, l'Alsace et l'Île-de-France font preuve de dynamisme et profitent de la croissance du tertiaire. Bien souvent les disparités géographiques reflètent les spécialisations sectorielles. Ainsi, les arrondissements de tradition agricole ou industrielle ont une évolution moins favorable que les arrondissements tertiaires. Souvent, les zones où l'emploi diminue fortement cumulent les handicaps. Elles sont spécialisées dans les secteurs économiques en déclin et, en plus, perdent davantage d'emplois que ce qu'elles devraient à la vue de leur répartition sectorielle.

Le développement des quartiers résidentiels en périphérie des agglomérations entraîne un développement des mouvements pendulaires entre le domicile et le travail. La part des actifs ayant un emploi travaillant dans leur commune n'atteint pas 45 %. Moins d'un Francilien sur trois travaille dans sa commune de résidence. Par contre, 80 % des actifs ayant un emploi travaillent dans leur arrondissement de domicile. Cette part diminue sensiblement pour les arrondissements de la grande couronne parisienne. Leur faible taille et la concentration d'emplois à Paris expliquent qu'une part importante des résidants quittent chaque jour leur arrondissement.

Les migrations domicile-travail dans les zones frontalières de l'Alsace et de la Lorraine témoignent de l'importance du travail transfrontalier.

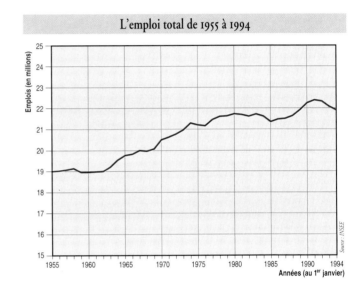

L'emploi total de 1955 à 1994

Source : INSEE

Évolution de l'emploi
Période 1982 - 1990

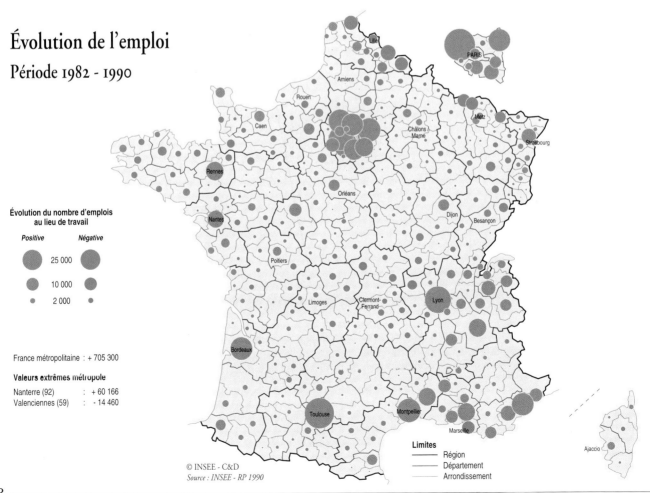

Évolution du nombre d'emplois au lieu de travail

Positive   *Négative*

25 000

10 000

2 000

France métropolitaine : + 705 300

Valeurs extrêmes métropole

Nanterre (92)   : + 60 166
Valenciennes (59)   : - 14 460

Limites

Région
Département
Arrondissement

© INSEE - C&D
Source : INSEE - RP 1990

Mouvements domicile-travail

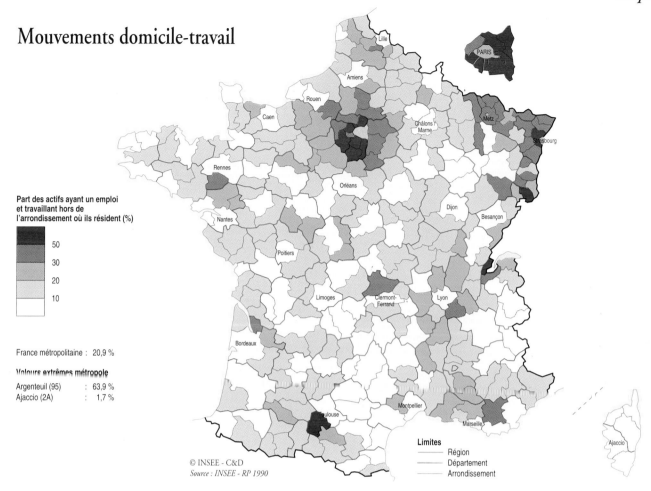

Part des actifs ayant un emploi
et travaillant hors de
l'arrondissement où ils résident (%)

50

30

20

10

France métropolitaine : 20,9 %

Valeurs extrêmes métropole

Argenteuil (95)   : 63,9 %
Ajaccio (2A)   :   1,7 %

© INSEE - C&D
Source : INSEE - RP 1990

Limites
— Région
— Département
— Arrondissement

L'emploi total 1990

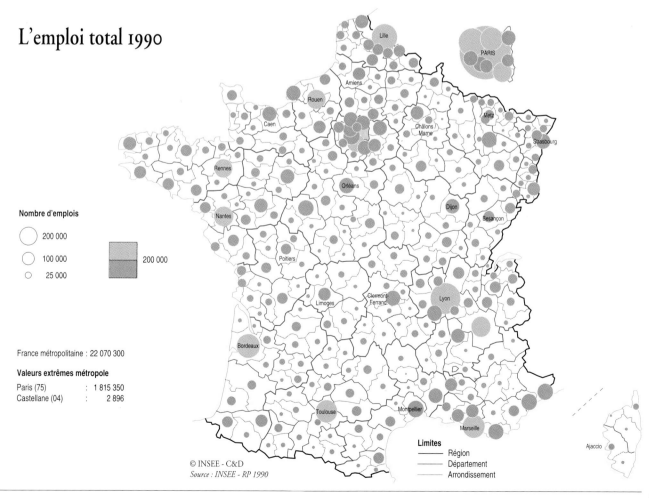

Nombre d'emplois

○ 200 000

○ 100 000

○ 25 000

200 000

France métropolitaine : 22 070 300

Valeurs extrêmes métropole

Paris (75)   : 1 815 350
Castellane (04)   :   2 896

© INSEE - C&D
Source : INSEE - RP 1990

Limites
— Région
— Département
— Arrondissement

DEPUIS la crise pétrolière de 1974, le tertiaire est le seul secteur qui soit globalement créateur d'emplois. Il en a créé près de 4 millions pour approcher les 15 millions en 1993. Sa part dans l'emploi total est ainsi passée de 40 % à l'aube des années soixante, à 50 % en 1974, puis à près de 67 % en 1993. La progression a été particulièrement forte dans le domaine des services, notamment ceux rendus aux entreprises (+ 34,1 % entre 1975 et 1982 et + 46,3 % entre 1982 et 1990). Pendant ce temps, l'industrie et l'agriculture ont fait le chemin inverse. L'industrie a été régulièrement créatrice d'emplois jusqu'à la crise de 1973 avec un gain net de plus de 3 millions d'emplois. Depuis, la baisse a été tout aussi régulière. Avec un peu plus de 6 millions d'emplois, l'industrie s'est retrouvée au 1er janvier 1993 à un niveau inférieur de celui de 1955. Après avoir atteint 39 % de l'emploi total, sa part est retombée à 28 %. La grande majorité des secteurs a été touchée, en particulier les mines et la sidérurgie qui ont perdu la moitié de leurs effectifs depuis 1982. L'agriculture représentait un emploi sur quatre au milieu des années cinquante ; ce niveau n'a pas cessé de diminuer pour atteindre 5 % aujourd'hui.

Le déclin de l'industrie touche de plein fouet les régions où elle était reine : Nord-Pas-de-Calais, Lorraine et le Nord franc-comtois. Dans ces régions, la croissance du tertiaire n'a pas compensé les pertes industrielles. D'autres ont mieux tiré leur épingle du jeu. Certaines industries ont quitté l'Île-de-France pour s'installer dans les régions voisines (Centre, Basse-Normandie et Haute-Normandie). En conséquence, l'emploi industriel y a beaucoup mieux résisté.

Le tertiaire est moins inégalement réparti sur le territoire que l'industrie. Toutefois, l'Île-de-France, les grandes métropoles régionales, le littoral méditerranéen et le massif alpin ont particulièrement bénéficié des créations d'emplois dans ce secteur. Ainsi, les régions Rhône-Alpes et Provence-Alpes-Côte d'Azur, toutes deux de tradition industrielle, ont su compenser la perte de 50 000 emplois dans l'industrie par la création de plus de 369 000 emplois tertiaires. En particulier, l'essor du tourisme a permis l'embauche de 50 000 personnes.

Le poids de l'Île-de-France dans la population se retrouve dans le domaine de l'emploi. Toutefois, le tertiaire est sur-représenté : la région compte à elle seule 29 % des emplois dans les services marchands et 23 % dans les administrations et les services non marchands. Le tertiaire a permis la création de 500 000 emplois, dont 40 % dans les services aux entreprises.

Les régions de l'Ouest ont subi des pertes d'emplois agricoles entre 1982 et 1990 : - 49 000 dans les Pays de la Loire, - 59 000 en Bretagne, - 27 000 en Poitou-Charentes et - 28 000 en Aquitaine. Cependant l'activité agricole y reste importante et les industries agroalimentaires s'y développent.

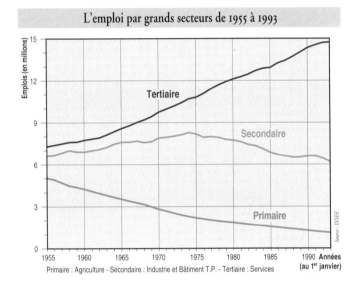

L'emploi par grands secteurs de 1955 à 1993

Primaire : Agriculture - Secondaire : Industrie et Bâtiment T.P. - Tertiaire : Services

Salariés du service public

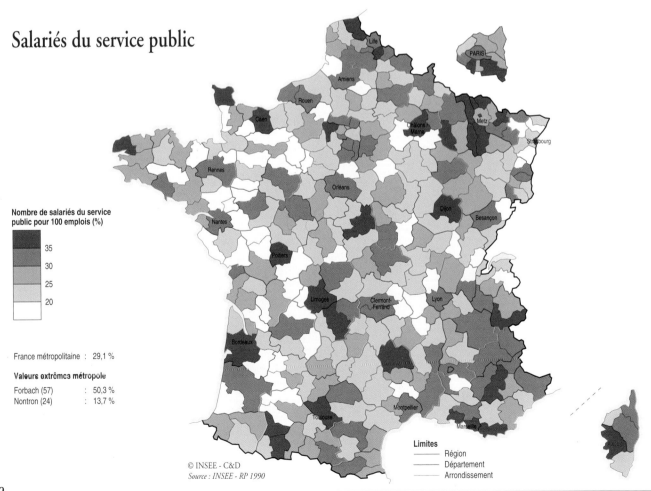

Nombre de salariés du service public pour 100 emplois (%)

- 35
- 30
- 25
- 20

France métropolitaine : 29,1 %

Valeurs extrêmes métropole

Forbach (57) : 50,3 %
Nontron (24) : 13,7 %

© INSEE - C&D
Source : INSEE - RP 1990

Limites
— Région
— Département
— Arrondissement

Évolution de l'emploi industriel

Période 1982 - 1990

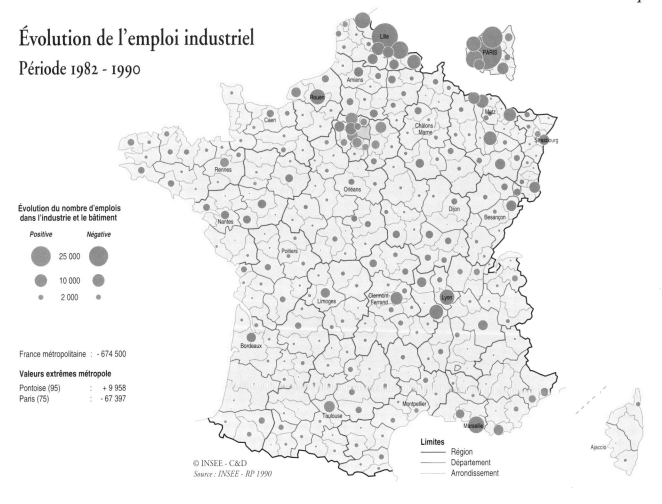

Évolution du nombre d'emplois
dans l'industrie et le bâtiment

Positive   Négative

25 000

10 000

2 000

France métropolitaine : - 674 500

Valeurs extrêmes métropole

Pontoise (95)   :   + 9 958
Paris (75)   :   - 67 397

© INSEE - C&D
Source : INSEE - RP 1990

Limites
— Région
— Département
— Arrondissement

Évolution de l'emploi tertiaire

Période 1982 - 1990

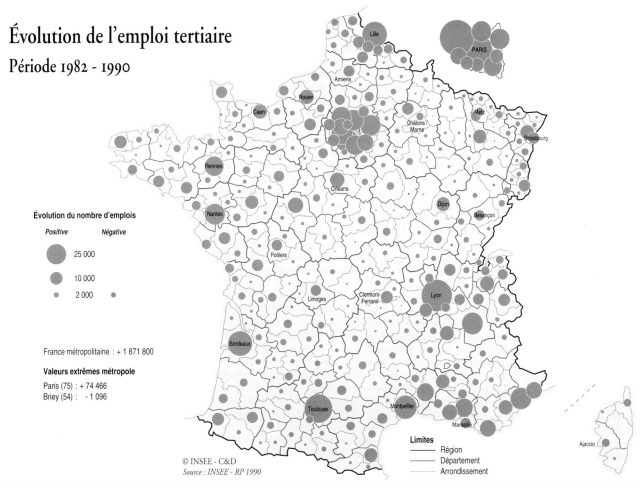

Évolution du nombre d'emplois

Positive   Négative

25 000

10 000

2 000

France métropolitaine : + 1 871 800

Valeurs extrêmes métropole

Paris (75) : + 74 466
Briey (54) : - 1 096

© INSEE - C&D
Source : INSEE - RP 1990

Limites
— Région
— Département
— Arrondissement

E N trente ans, les femmes ont investi le monde du travail. En 1990, plus de 11 millions de femmes ont un emploi ou en recherchent un. Au cours des années quatre-vingt, la croissance de la population active a été presque entièrement due aux femmes. Leur comportement d'activité tend à se rapprocher du modèle masculin. Faible avant 20 ans, le taux d'activité s'élève rapidement pour culminer vers 25-30 ans où quatre femmes sur cinq sont actives. Le taux d'activité féminin reste supérieur à 60 % à partir de 22 ans et jusqu'à 55 ans. La progression de l'activité féminine a été particulièrement forte dans les régions du Sud, qui avaient un retard à combler en la matière.

Entre 1975 et 1990, l'emploi féminin s'est considérablement développé (+ 1 760 000), tandis que l'emploi masculin reculait (- 443 000). En 1990, les femmes occupent ainsi 42 % des emplois. La forte croissance du secteur tertiaire a favorisé en partie cette évolution. La part des femmes dans ce secteur est restée constante et à un niveau élevé.

En dépit de la croissance de l'emploi féminin, le flux d'entrée des femmes sur le marché du travail est tel qu'elles sont à la recherche d'un emploi en plus grande proportion. À tout âge, le taux de chômage féminin est supérieur au taux masculin. L'écart est particulièrement important avant 30 ans. Ainsi, entre 20 et 24 ans, 25,9 % des actives sont à la recherche d'un emploi contre 15,3 % des actifs ; entre 25 et 29 ans, les taux sont respectivement de 17,7 % et 9,4 %.

Les arrondissements de l'Est du pays (Alsace, Franche-Comté, Savoie) connaissent les plus fortes proportions de femmes parmi les chômeurs. À l'inverse, les femmes sont relativement moins nombreuses parmi les chômeurs en Île-de-France, Nord-Pas-de-Calais, Provence-Alpes-Côte d'Azur et Corse. De manière générale, à l'exception notable de l'Île-de-France où le chômage est faible, la proportion de femmes parmi les chômeurs est plutôt forte.

Les féminisations les plus importantes de 1982 à 1990

Catégories socioprofessionnelles	Emploi féminin en 1982 (en milliers)	Emploi féminin en 1990 (en milliers)	Taux de variation de l'emploi féminin 1982-1990 (en %)
Ingénieurs et cadres techniques d'entreprise	22	68	+ 208,5
Cadres administratifs et commerciaux d'entreprise	111	211	+ 89,9
Professeurs, professions scientifiques	157	278	+ 76,6
Chauffeurs	9	15	+ 64,2
Professions intermédiaires administratives et commerciales des entreprises	364	579	+ 59,1
Professions libérales	65	101	+ 55,3
Professions intermédiaires administratives de la fonction publique	129	194	+ 50,2
Techniciens	57	85	+ 49,4

Taux d'activité par sexe et par âge en 1975 et 1990

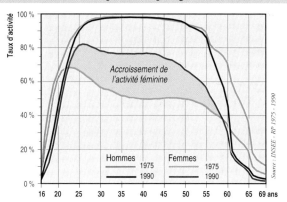

Source : INSEE - RP 1975 - 1990

Taux d'activité des femmes de 25 à 49 ans

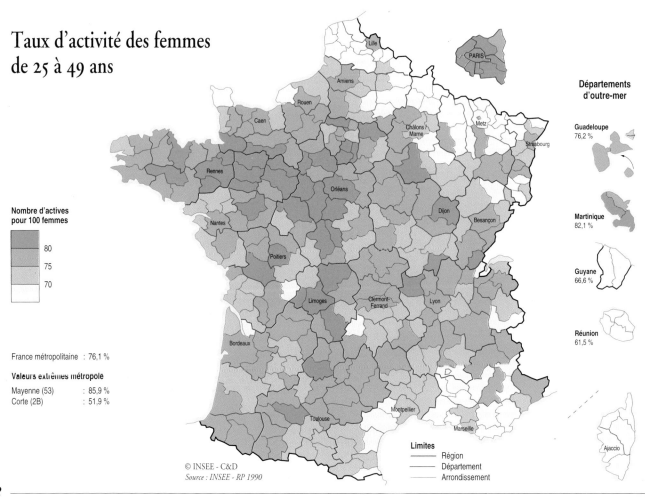

Nombre d'actives pour 100 femmes

- 80
- 75
- 70

France métropolitaine : 76,1 %

Valeurs extrêmes métropole

Mayenne (53) : 85,9 %
Corte (2B) : 51,9 %

Départements d'outre-mer

Guadeloupe 76,2 %

Martinique 82,1 %

Guyane 66,6 %

Réunion 61,5 %

Limites
— Région
— Département
— Arrondissement

© INSEE - C&D
Source : INSEE - RP 1990

Femmes au chômage

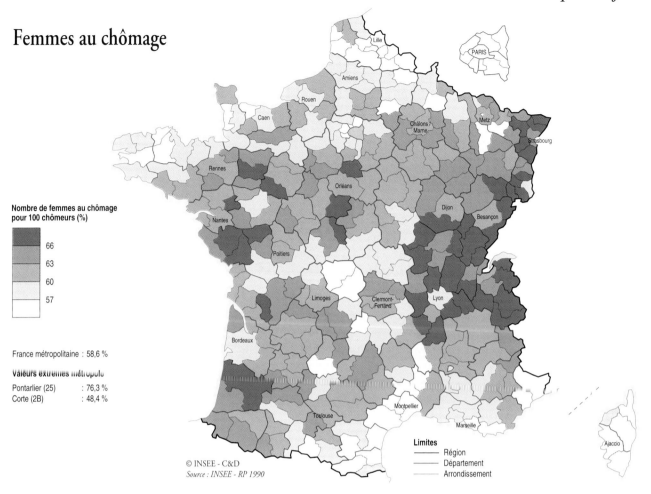

**Nombre de femmes au chômage
pour 100 chômeurs (%)**

66
63
60
57

France métropolitaine : 58,6 %

Valeurs extrêmes métropole

Pontarlier (25)   : 76,3 %
Corte (2B)   : 48,4 %

© INSEE - C&D
Source : INSEE - RP 1990

Limites
—— Région
—— Département
—— Arrondissement

Féminisation de l'emploi

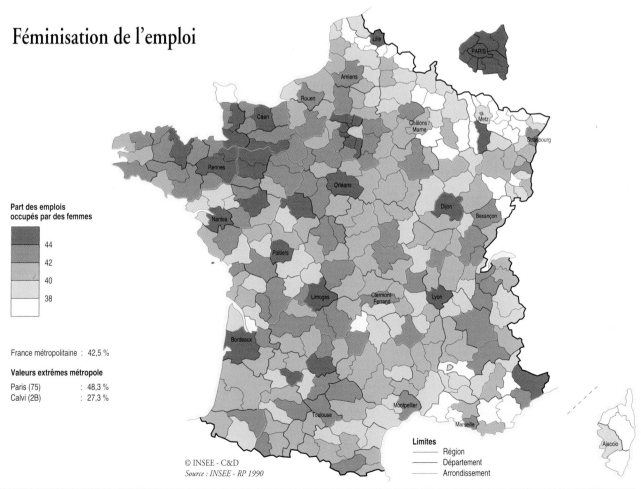

**Part des emplois
occupés par des femmes**

44
42
40
38

France métropolitaine : 42,5 %

Valeurs extrêmes métropole

Paris (75)   : 48,3 %
Calvi (2B)   : 27,3 %

© INSEE - C&D
Source : INSEE - RP 1990

Limites
—— Région
—— Département
—— Arrondissement

L'APPARITION d'un chômage « de masse » est consécutive au premier choc pétrolier de 1974. La barre du million de chômeurs a été franchie en 1975, celle des 2 millions en 1982 et celle des 3 millions en 1993.

Les zones les plus touchées sont le triangle nord du pays, de l'estuaire de la Seine aux Ardennes, la façade méditerranéenne et la vallée de la Garonne. La bordure est de la France, de l'Alsace aux Alpes, le Bassin parisien et certaines zones rurales du Massif central sont les moins touchées. Dans le Nord, l'explosion du chômage a été spectaculaire à la suite de la fermeture des mines et des restructurations dans l'industrie lourde. Or, les jeunes sont nombreux dans ces régions et ont du mal à trouver un emploi malgré une émigration très forte. Dans le Midi, la pression de l'immigration entraîne une augmentation de la population en âge de travailler.

Au fil des vingt dernières années, l'emploi s'est concentré sur les adultes d'âge intermédiaire : les 25-49 ans occupent les trois quarts des emplois contre un peu plus de la moitié en 1970. L'enseignement accueille désormais plus de 90 % de la classe d'âge des 15-19 ans et plus de 40 % des 20-24 ans (15 % en 1970). Pourtant, leur insertion professionnelle passe par une alternance de périodes de chômage et d'emplois temporaires. La mise en place des stages d'insertion et des travaux d'utilité collective (Tuc) en 1985 a officialisé l'utilisation des jeunes dans les « petits boulots ». Le développement de l'embauche des jeunes sous contrat à durée déterminée et la montée de l'intérim ont porté la proportion des emplois précaires à plus du tiers parmi les jeunes de moins de 25 ans qui travaillent.

La persistance du chômage entraîne de graves difficultés pour les populations qui le subissent longtemps. L'allocation du Revenu Minimum d'Insertion (RMI), institué en décembre 1988, a instauré un dernier filet de sécurité pour les personnes les plus démunies. À la fin de 1993, 700 000 foyers ou personnes seules la perçoivent.

La situation des DOM est critique : le chômage y atteint une ampleur sans commune mesure avec la métropole. De même, 13 % des ménages vivent du Revenu Minimum d'Insertion (contre 2,3 % en métropole).

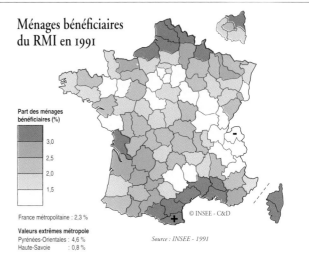

Ménages bénéficiaires du RMI en 1991

Part des ménages bénéficiaires (%)
3,0
2,5
2,0
1,5

France métropolitaine : 2,3 %

Valeurs extrêmes métropole
Pyrénées-Orientales : 4,6 %
Haute-Savoie : 0,8 %

© INSEE - C&D
Source : INSEE - 1991

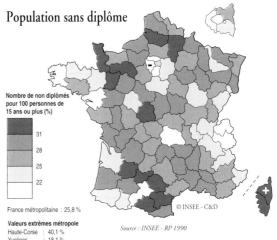

Population sans diplôme

Nombre de non diplômés pour 100 personnes de 15 ans ou plus (%)
31
28
25
22

France métropolitaine : 25,8 %

Valeurs extrêmes métropole
Haute-Corse : 40,1 %
Yvelines : 18,1 %

© INSEE - C&D
Source : INSEE - RP 1990

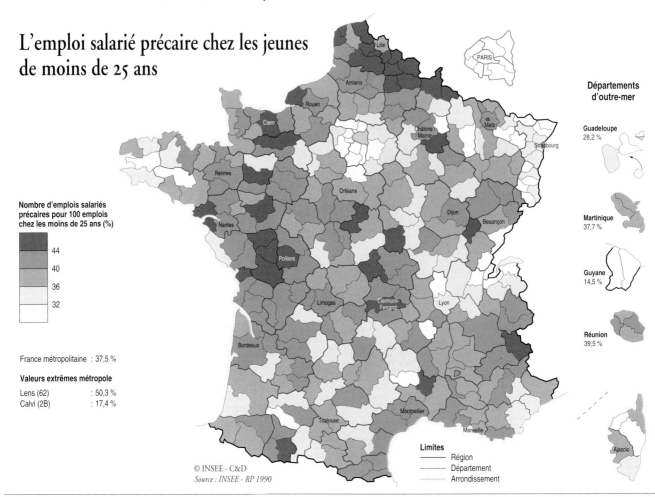

L'emploi salarié précaire chez les jeunes de moins de 25 ans

Nombre d'emplois salariés précaires pour 100 emplois chez les moins de 25 ans (%)
44
40
36
32

France métropolitaine : 37,5 %

Valeurs extrêmes métropole

Lens (62) : 50,3 %
Calvi (2B) : 17,4 %

Départements d'outre-mer

Guadeloupe
28,2 %

Martinique
37,7 %

Guyane
14,5 %

Réunion
39,5 %

Limites
Région
Département
Arrondissement

© INSEE - C&D
Source : INSEE - RP 1990

Chômage

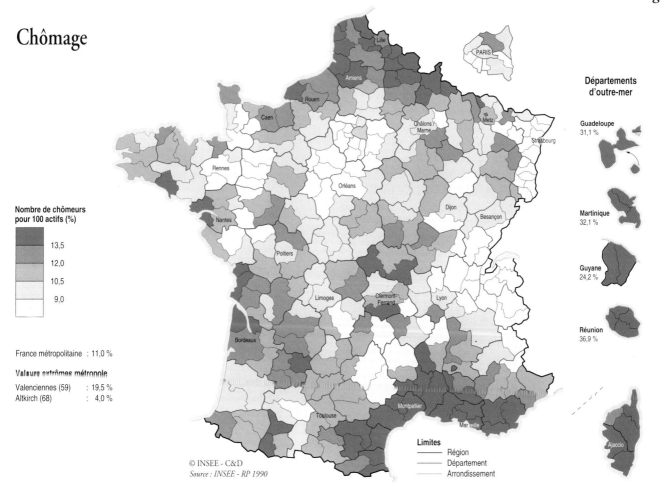

Nombre de chômeurs pour 100 actifs (%)

- 13,5
- 12,0
- 10,5
- 9,0

France métropolitaine : 11,0 %

Valeurs extrêmes métropole

Valenciennes (59) : 19,5 %
Altkirch (68) : 4,0 %

© INSEE - C&D
Source : INSEE - RP 1990

Départements d'outre-mer

Guadeloupe
31,1 %

Martinique
32,1 %

Guyane
24,2 %

Réunion
36,9 %

Limites

— Région
— Département
— Arrondissement

Chômage des jeunes

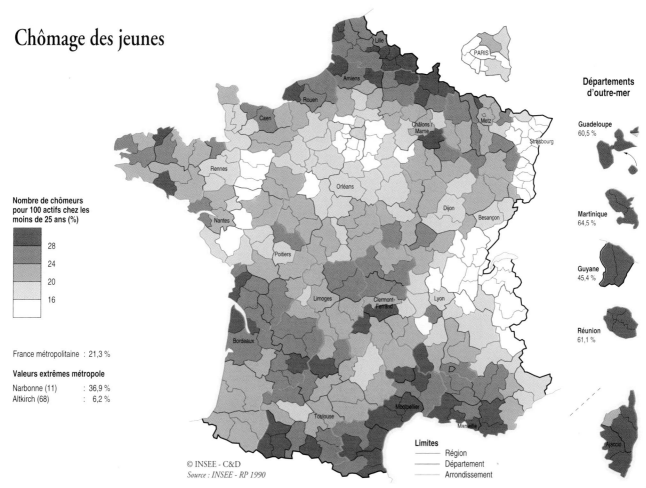

Nombre de chômeurs pour 100 actifs chez les moins de 25 ans (%)

- 28
- 24
- 20
- 16

France métropolitaine : 21,3 %

Valeurs extrêmes métropole

Narbonne (11) : 36,9 %
Altkirch (68) : 6,2 %

© INSEE - C&D
Source : INSEE - RP 1990

Départements d'outre-mer

Guadeloupe
60,5 %

Martinique
64,5 %

Guyane
45,4 %

Réunion
61,1 %

Limites

— Région
— Département
— Arrondissement

L A structure professionnelle de la population active a été profondément bouleversée depuis l'après-guerre. Avec le progrès technique et la délocalisation industrielle, les emplois liés à la production ont vu fondre leurs effectifs alors que croissaient les professions administratives et commerciales, les fonctions de conception et d'encadrement, les métiers des services (enseignement et santé). Au cours de la décennie quatre-vingt, ces mouvements se sont poursuivis. La proportion des agriculteurs est passée sous la barre des 5 %. Les exploitations d'agriculture générale sont de plus en plus vastes, de sorte que les effectifs correspondants sont minimes. La plupart des propriétaires de celles qui ont encore moins de 40 hectares sont âgés de plus de 50 ans et ne vont pas tarder à partir à la retraite. Les agriculteurs subsistent en nombre non négligeable là où se développent l'élevage hors sol ou une agriculture très spécialisée, telle la vigne ou l'arboriculture. Les zones où le poids des agriculteurs est important sont souvent celles où il n'y a rien d'autre, comme dans le Massif central.

Les ouvriers ont augmenté en nombre absolu jusque dans la fin des années soixante-dix, même si leur poids relatif dans la population active ne cessait de décliner. Avec les grandes liquidations industrielles, leur nombre diminue fortement (- 7 % entre 1982 et 1990). Les suppressions touchent surtout les emplois non qualifiés. En revanche le nombre d'ouvriers qualifiés est stable. Dans l'industrie, les postes d'ouvriers qualifiés traditionnels diminuent, mais les installations productives de plus en plus complexes et automatisées nécessitent davantage de suivi. Aux ouvriers de production succèdent les mécaniciens, électriciens ou électroniciens spécialistes de l'entretien et de la réparation des équipements industriels. Hors de l'industrie, les installations mécanisées apportant le confort dans les bâtiments (ascenseurs, climatisation…) offrent aussi des débouchés aux ouvriers ; la qualification ouvrière qui progresse le plus est celle d'entretien d'équipements non industriels. Aussi, les grandes concentrations ouvrières de la partie nord et est du territoire sont-elles en train de s'amenuiser.

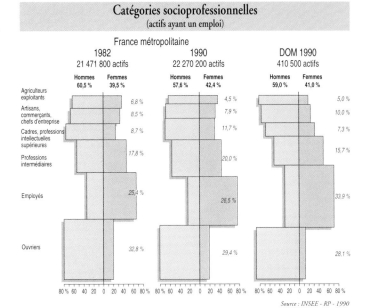

Source : INSEE - RP - 1990

Les cadres et professions intellectuelles supérieures ont augmenté beaucoup plus vite qu'aucun autre groupe socioprofessionnel, de l'ordre de 4 % par an depuis les années soixante. Dans la dernière décennie, la progression des enseignants, des professions médicales, des cadres administratifs et des ingénieurs de production a fléchi, alors que se multipliaient les ingénieurs technico-commerciaux, les cadres du marketing, ou des médias et les spécialistes de la gestion des ressources humaines. Tracer la carte des cadres et professions intellectuelles supérieures, c'est montrer les lieux de concentration du pouvoir : métropoles régionales, universités, centres hospitaliers, bureaux d'études, centres de recherches, sièges d'entreprises. Une vingtaine de pôles en concentrent l'essentiel, en dehors de l'hypertrophie parisienne.

Les agriculteurs

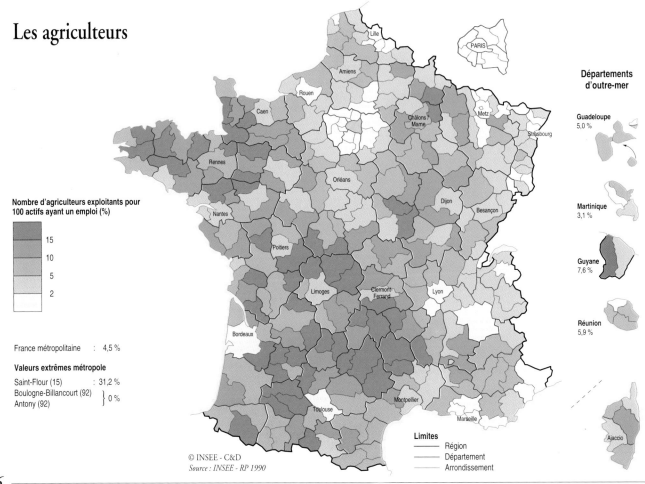

Nombre d'agriculteurs exploitants pour 100 actifs ayant un emploi (%)

15
10
5
2

France métropolitaine : 4,5 %

Valeurs extrêmes métropole

Saint-Flour (15) : 31,2 %
Boulogne-Billancourt (92) } 0 %
Antony (92)

© INSEE - C&D
Source : INSEE - RP 1990

Départements d'outre-mer

Guadeloupe 5,0 %

Martinique 3,1 %

Guyane 7,6 %

Réunion 5,9 %

Limites
—— Région
—— Département
—— Arrondissement

Les ouvriers

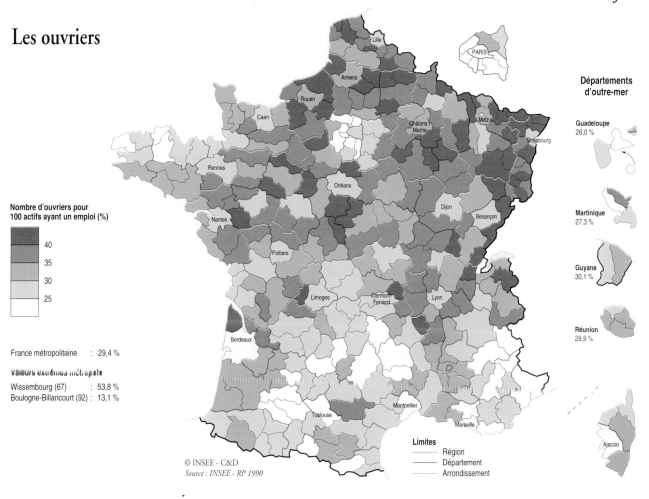

Nombre d'ouvriers pour
100 actifs ayant un emploi (%)

40
35
30
25

France métropolitaine : 29,4 %

Valeurs extrêmes métropole

Wissembourg (67) : 53,8 %
Boulogne-Billancourt (92) : 13,1 %

**Départements
d'outre-mer**

Guadeloupe
26,0 %

Martinique
27,3 %

Guyane
30,1 %

Réunion
29,9 %

Limites
—— Région
—— Département
—— Arrondissement

© INSEE - C&D
Source : INSEE - RP 1990

Les cadres

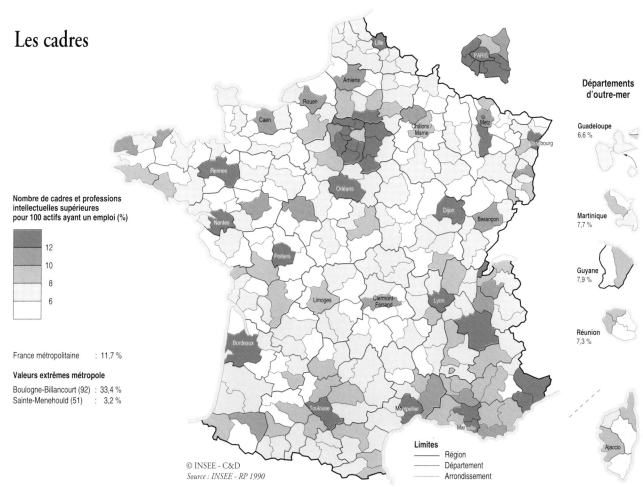

Nombre de cadres et professions
intellectuelles supérieures
pour 100 actifs ayant un emploi (%)

12
10
8
6

France métropolitaine : 11,7 %

Valeurs extrêmes métropole

Boulogne-Billancourt (92) : 33,4 %
Sainte-Menehould (51) : 3,2 %

**Départements
d'outre-mer**

Guadeloupe
6,6 %

Martinique
7,7 %

Guyane
7,9 %

Réunion
7,3 %

Limites
—— Région
—— Département
········· Arrondissement

© INSEE - C&D
Source : INSEE - RP 1990

Du point de vue démographique, le fossé s'est creusé entre la France des grandes métropoles et du Midi d'une part et le reste du territoire, composé à la fois des régions rurales et de zones industrielles en déclin d'autre part. Dans les régions où la demande de logement est forte, les prix sont élevés et la pénurie foncière règne ou menace. Les logements neufs ne peuvent s'implanter que dans les périphéries lointaines. Dans celles où la pression démographique est moins forte, il est beaucoup plus facile de se loger, que l'on choisisse le neuf (les terrains sont abondants) ou l'ancien, pour lequel l'offre est excédentaire. La majorité des ménages rêvent d'habitat spacieux et de maison individuelle : la taille moyenne des résidences principales croît de près d'un mètre carré par an depuis vingt ans et 53 % des ménages vivent en maison individuelle. Mais parallèlement, du fait de la localisation des emplois, les ménages sont de plus en plus contraints à vivre dans les plus grandes agglomérations ou à proximité.

La carte des logements neufs révèle une France nettement héliotrope, à l'exception de la Bretagne et de l'estuaire de la Loire. À l'opposé, les parcs de l'Île-de-France, du Limousin et du quart nord-est comptent la plus faible proportion de logements neufs. Au développement des grandes métropoles (Toulouse, Montpellier, Nice) et à la croissance fulgurante d'agglomérations comme Grasse-Cannes-Antibes ou Fréjus, s'ajoute l'expansion des stations touristiques. Ainsi, le Var, la Haute-Savoie et la Savoie sont les trois départements où le parc de logements est le plus récent : près de 22 % des logements y ont été achevés depuis 1982. Le département le plus touristique est celui des Hautes-Alpes, qui compte 44 % de résidences secondaires, mais moins d'un quart de récentes. En Haute-Savoie, si les résidences secondaires sont moins nombreuses, leur développement est plus récent et la croissance urbaine (Annemasse, Annecy, Thonon) a été importante depuis 1982. La croissance de la population en Île-de-France se traduit par une proportion importante de logements neufs à la périphérie ou dans les arrondissements les plus proches des régions limitrophes.

Les résidences principales sont plus souvent des maisons individuelles dans les régions sans grandes agglomérations, comme celles du quart nord-ouest où seules Nantes et Rouen dépassent les 350 000 habitants. Le Nord-Pas-de-Calais, fortement urbanisé, compte aussi une forte proportion d'individuel : les corons ont survécu à l'activité des houillères. C'est en Vendée que l'on vit le plus en maison individuelle : 84 % des ménages, la plus grande ville, La Roche-sur-Yon, ne compte que 45 000 habitants. À l'opposé, la proportion d'appartements est maximum dans les régions des plus grandes villes : Île-de-France, Provence-Alpes-Côte d'Azur et Rhône-Alpes. En règle générale (les corons font exception), les maisons individuelles sont plutôt occupées par un propriétaire et les appartements par un locataire : la carte des propriétaires diffère peu de celle des maisons individuelles. C'est dans les grandes agglomérations et surtout dans leurs centres que les ménages propriétaires de leur résidence principale sont les moins nombreux, même si leur proportion a crû au cours de la dernière décennie. À Paris, elle est ainsi passée de 25 % en 1982 à 28 % en 1990.

Résidences principales selon le nombre de pièces

nombre de résidences principales

(1962 — 1975 — 1990)

1 pièce · 2 pièces · 3 pièces · 4 pièces · 5 pièces ou +

Source : INSEE - RP 1990 - Sondage au 1/4

Les propriétaires

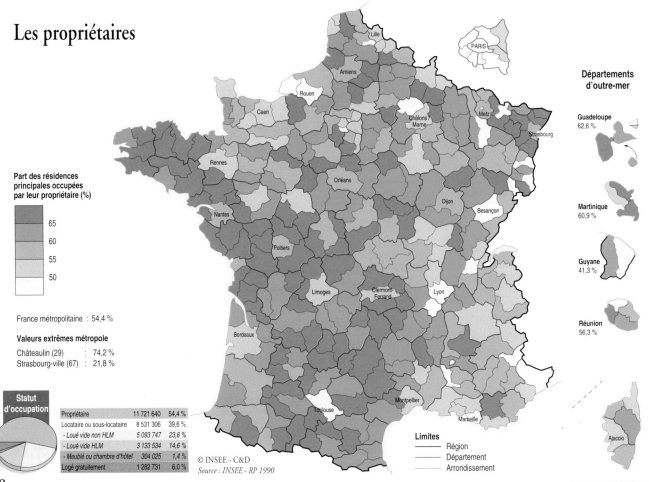

Part des résidences principales occupées par leur propriétaire (%)

65
60
55
50

France métropolitaine : 54,4 %

Valeurs extrêmes métropole

Châteaulin (29) : 74,2 %
Strasbourg-ville (67) : 21,8 %

Statut d'occupation

Propriétaire	11 721 640	54,4 %
Locataire ou sous-locataire	8 531 306	39,6 %
- Loué vide non HLM	5 093 747	23,6 %
- Loué vide HLM	3 133 534	14,6 %
- Meublé ou chambre d'hôtel	304 025	1,4 %
Logé gratuitement	1 282 731	6,0 %

© INSEE - C&D
Source : INSEE - RP 1990

Départements d'outre-mer

Guadeloupe
62,6 %

Martinique
60,9 %

Guyane
41,3 %

Réunion
56,3 %

Limites
—— Région
—— Département
—— Arrondissement

Résidences principales construites après 1975

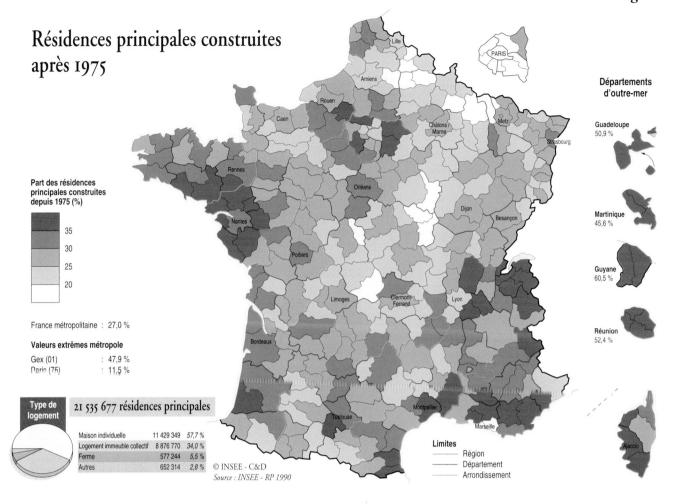

Part des résidences principales construites depuis 1975 (%)

	35
	30
	25
	20

France métropolitaine : 27,0 %

Valeurs extrêmes métropole

Gex (01) : 47,9 %
Paris (75) : 11,5 %

Type de logement

21 535 677 résidences principales

Maison individuelle	11 429 349	57,7 %
Logement immeuble collectif	8 876 770	34,0 %
Ferme	577 244	5,5 %
Autres	652 314	2,8 %

© INSEE - C&D
Source : INSEE - RP 1990

Départements d'outre-mer

Guadeloupe 50,9 %

Martinique 45,6 %

Guyane 60,5 %

Réunion 52,4 %

Limites

Région
Département
Arrondissement

Résidences secondaires

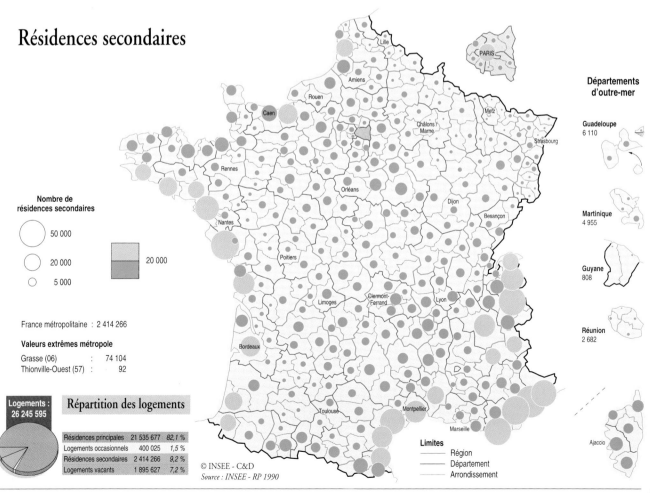

Nombre de résidences secondaires

50 000
20 000
5 000

20 000

France métropolitaine : 2 414 266

Valeurs extrêmes métropole

Grasse (06) : 74 104
Thionville-Ouest (57) : 92

Logements : 26 245 595

Répartition des logements

Résidences principales	21 535 677	82,1 %
Logements occasionnels	400 025	1,5 %
Résidences secondaires	2 414 266	9,2 %
Logements vacants	1 895 627	7,2 %

© INSEE - C&D
Source : INSEE - RP 1990

Départements d'outre-mer

Guadeloupe 6 110

Martinique 4 955

Guyane 808

Réunion 2 682

Limites

Région
Département
Arrondissement

Liste des chefs-lieux d'arrondissements

1 : Nom de l'arrondissement
2 : Population sans doubles comptes 1990
3 : Coordonnées sur la carte

1	2	3
AIN (01)		
Belley	75 020	D3
Bourg-en-Bresse	267 656	D3
Gex	52 200	D3
Nantua	76 143	D3
AISNE (02)		
Château-Thierry	66 077	C2
Laon	163 625	C1
Saint-Quentin	137 621	C1
Soissons	99 362	C1
Vervins	70 574	D1
ALLIER (03)		
Montluçon	123 162	C3
Moulins	110 475	C3
Vichy	124 073	C3
ALPES-DE-HAUTE-PROVENCE (04)		
Barcelonnette	7 248	E4
Castellane	7 970	E4
Digne-les-Bains	44 723	D4
Forcalquier	70 942	D4
HAUTES-ALPES (05)		
Briançon	31 042	E4
Gap	82 258	D4
ALPES-MARITIMES (06)		
Grasse	470 488	E4
Nice	501 341	E4
ARDÈCHE (07)		
Largentière	43 072	D4
Privas	113 287	D4
Tournon-sur-Rhône	121 222	D4
ARDENNES (08)		
Charleville-Mézières	175 374	D1
Rethel	34 213	D1
Sedan	63 614	D1
Vouziers	23 156	D1
ARIÈGE (09)		
Foix	51 790	C5
Pamiers	58 442	C5
Saint-Girons	26 223	C5
AUBE (10)		
Bar-sur-Aube	31 979	D2
Nogent-sur-Seine	50 584	D2
Troyes	206 644	D2
AUDE (11)		
Carcassonne	137 221	C5
Limoux	42 247	C5
Narbonne	119 244	C5
AVEYRON (12)		
Millau	68 972	C4
Rodez	133 969	C4
Villefranche-de-Rouergue	67 200	C4
BOUCHES-DU-RHÔNE (13)		
Aix-en-Provence	347 431	D4
Arles	171 807	D4
Istres	274 845	D5
Marseille	965 318	D5
CALVADOS (14)		
Bayeux	62 280	B1
Caen	366 169	B2
Lisieux	136 081	B2
Vire	53 948	B2
CANTAL (15)		
Aurillac	83 715	C4
Mauriac	31 094	C4
Saint-Flour	43 914	C4
CHARENTE (16)		
Angoulême	219 175	B3
Cognac	84 535	B3
Confolens	38 283	B3
CHARENTE-MARITIME (17)		
Jonzac	52 269	B4
Rochefort	153 256	B3
Rochelle (La)	166 011	B3
Saint-Jean-d'Angély	51 124	B3
Saintes	104 486	B3
CHER (18)		
Bourges	176 631	C3
Saint-Amand-Montrond	69 233	C3
Vierzon	75 695	C3
CORRÈZE (19)		
Brive-la-Gaillarde	120 140	C4
Tulle	80 995	C4
Ussel	36 773	C3
CORSE-DU-SUD (2A)		
Ajaccio	86 487	E5
Sartène	32 321	E5
HAUTE-CORSE (2B)		
Bastia	85 717	E5
Calvi	16 118	E5
Corte	29 728	E5
CÔTE-D'OR (21)		
Beaune	90 377	D3
Dijon	336 458	D2
Montbard	67 031	D2
CÔTES-D'ARMOR (22)		
Dinan	113 332	A2
Guingamp	86 626	A2
Lannion	91 357	A2
Saint-Brieuc	247 080	A2
CREUSE (23)		
Aubusson	43 078	C3
Guéret	88 271	C3
DORDOGNE (24)		
Bergerac	102 282	B4
Nontron	43 749	B3
Périgueux	171 912	B4
Sarlat-la-Canéda	68 422	C4
DOUBS (25)		
Besançon	232 656	D3
Montbéliard	186 930	E2
Pontarlier	65 184	D3
DRÔME (26)		
Die	35 207	D4
Nyons	58 495	D4
Valence	320 370	D4
EURE (27)		
Andelys (Les)	125 594	C2
Bernay	126 659	B2
Évreux	261 565	C2
EURE-ET-LOIR (28)		
Chartres	184 561	C2
Châteaudun	56 696	C2
Dreux	118 887	C2
Nogent-le-Rotrou	35 929	C2
FINISTÈRE (29)		
Brest	342 050	A2
Châteaulin	83 346	A2
Morlaix	122 873	A2
Quimper	290 418	A2
GARD (30)		
Alès	135 735	D4
Nîmes	419 077	D4
Vigan (Le)	30 237	D4
HAUTE-GARONNE (31)		
Muret	133 518	C5
Saint-Gaudens	74 162	B5
Toulouse	718 282	C4
GERS (32)		
Auch	72 908	B4
Condom	64 199	B4
Mirande	37 480	B5
GIRONDE (33)		
Blaye	52 138	B4
Bordeaux	912 990	B4
Langon	77 408	B4
Lesparre-Médoc	42 492	B4
Libourne	128 471	B4
HÉRAULT (34)		
Béziers	242 465	C5
Lodève	45 968	C4
Montpellier	506 170	D4
ILLE-ET-VILAINE (35)		
Fougères	75 382	B2
Redon	75 695	B2
Rennes	512 676	B2
Saint-Malo	134 965	B2
INDRE (36)		
Blanc (Le)	34 603	C3
Châteauroux	133 291	C3
Châtre (La)	34 534	C3
Issoudun	35 082	C3
INDRE-ET-LOIRE (37)		
Chinon	79 467	B3
Loches	48 996	C3
Tours	400 882	B2
ISÈRE (38)		
Grenoble	655 074	D4
Tour-du-Pin (La)	189 786	D3
Vienne	171 368	D3
JURA (39)		
Dôle	76 433	D3
Lons-le-Saunier	122 031	D3
Saint-Claude	50 295	D3
LANDES (40)		
Dax	161 231	B4
Mont-de-Marsan	150 230	B4
LOIR-ET-CHER (41)		
Blois	171 491	C2
Romorantin-Lanthenay	67 975	C2
Vendôme	66 471	C2
LOIRE (42)		
Montbrison	151 147	D3
Roanne	156 219	D3
Saint-Etienne	438 922	D3
HAUTE-LOIRE (43)		
Brioude	42 346	C4
Puy-en-Velay (Le)	97 328	D4
Yssingeaux	66 894	D4
LOIRE-ATLANTIQUE (44)		
Ancenis	47 386	B2
Châteaubriant	101 436	B2
Nantes	649 039	B3
Saint-Nazaire	254 322	A2
LOIRET (45)		
Montargis	153 117	C2
Orléans	373 757	C2
Pithiviers	53 738	C2
LOT (46)		
Cahors	67 186	C4
Figeac	50 577	C4
Gourdon	38 053	C4
LOT-ET-GARONNE (47)		
Agen	102 162	B4
Marmande	77 806	B4
Nérac	37 447	B4
Villeneuve-sur-Lot	88 574	B4
LOZÈRE (48)		
Florac	11 801	D4
Mende	61 024	C4
MAINE-ET-LOIRE (49)		
Angers	341 874	B2
Cholet	182 473	B3
Saumur	128 870	B3
Segré	52 665	B2
MANCHE (50)		
Avranches	117 460	B2
Cherbourg	191 593	B1
Coutances	74 212	B2
Saint-Lô	96 371	B2
MARNE (51)		
Châlons-sur-Marne	100 647	D2
Épernay	92 772	D2
Reims	299 528	D2
Sainte-Menehould	14 771	D2
Vitry-le-François	50 499	D2
HAUTE-MARNE (52)		
Chaumont	71 584	D2
Langres	48 793	D2
Saint-Dizier	83 690	D2
MAYENNE (53)		
Château-Gontier	56 806	B2
Laval	134 173	B2
Mayenne	87 058	B2
MEURTHE-ET-MOSELLE (54)		
Briey	159 344	D2
Lunéville	77 559	D2
Nancy	411 666	D2
Toul	63 253	D2
MEUSE (55)		
Bar-le-Duc	66 880	D2
Commercy	44 357	D2
Verdun	85 107	D2
MORBIHAN (56)		
Lorient	275 302	A2
Pontivy	115 310	A2
Vannes	229 226	A2
MOSELLE (57)		
Boulay-Moselle	74 756	D2
Château-Salins	28 315	D2
Forbach	195 732	E2
Metz-Campagne	202 545	D2
Metz-Ville	119 594	D2
Sarrebourg	60 817	D2
Sarreguemines	82 683	E2
Thionville-Est	123 152	D1
Thionville-Ouest	123 708	D1
NIÈVRE (58)		
Château-Chinon	30 214	D3
Clamecy	28 019	D3
Cosne-Cours-sur-Loire	46 549	C3
Nevers	128 496	C3
NORD (59)		
Avesnes-sur-Helpe	245 460	D1
Cambrai	162 162	C1
Douai	247 015	C1
Dunkerque	375 073	C1
Lille	1 152 883	C1
Valenciennes	349 262	C1
OISE (60)		
Beauvais	195 844	C1
Clermont	112 295	C1
Compiègne	166 072	C1
Senlis	251 392	C2
ORNE (61)		
Alençon	101 492	B2
Argentan	120 743	B2
Mortagne-au-Perche	70 969	B2
PAS-DE-CALAIS (62)		
Arras	299 123	C1
Béthune	282 966	C1
Boulogne-sur-Mer	158 703	C1
Calais	114 702	C1
Lens	331 256	C1
Montreuil	98 264	C1
Saint-Omer	148 189	C1
PUY-DE-DÔME (63)		
Ambert	29 021	D3
Clermont-Ferrand	343 049	C3
Issoire	58 157	C3
Riom	110 173	C3
Thiers	57 813	C3
PYRÉNÉES-ATLANTIQUES (64)		
Bayonne	235 274	B5
Oloron-Sainte-Marie	74 447	B5
Pau	268 795	B5
HAUTE-PYRÉNÉES (65)		
Argelès-Gazost	39 451	B5
Bagnères-de-Bigorre	45 982	B5
Tarbes	139 326	B5
PYRÉNÉES-ORIENTALES (66)		
Céret	61 056	C5
Perpignan	265 223	C5
Prades	37 517	C5
BAS-RHIN (67)		
Haguenau	111 201	E2
Molsheim	80 255	E2
Saverne	85 436	E2
Sélestat-Erstein	123 128	E2
Strasbourg-Campagne	240 621	E2
Strasbourg-Ville	252 338	E2
Wissembourg	60 074	E2
HAUT-RHIN (68)		
Altkirch	56 665	E2
Colmar	130 439	E2
Guebwiller	70 361	E2
Mulhouse	292 259	E2
Ribeauvillé	46 993	E2
Thann	74 602	E2
RHÔNE (69)		
Lyon	1 346 037	D3
Villefranche-sur-Saône	162 929	D3
HAUTE-SAÔNE (70)		
Lure	107 462	D2
Vesoul	122 188	D2
SAÔNE-ET-LOIRE (71)		
Autun	101 093	D3
Chalon-sur-Saône	193 573	D3
Charolles	109 134	D3
Louhans	49 381	D3
Mâcon	106 232	D3
SARTHE (72)		
Flèche (La)	83 330	B2
Mamers	77 028	B2
Mans (Le)	353 296	B2
SAVOIE (73)		
Albertville	97 279	E3
Chambéry	209 789	D3
Saint-Jean-de-Maurienne	41 193	E4
HAUTE-SAVOIE (74)		
Annecy	204 880	E3
Bonneville	143 737	E3
Saint-Julien-en-Genevois	118 775	D3
Thonon-les-Bains	100 894	E3
VILLE DE PARIS (75)		
Paris	2 152 423	D1
SEINE-MARITIME (76)		
Dieppe	224 710	C1
Havre (Le)	403 517	B1
Rouen	595 202	C1
SEINE-ET-MARNE (77)		
Fontainebleau	134 111	C2
Meaux	467 594	C2
Melun	371 077	C2
Provins	105 384	C2
YVELINES (78)		
Mantes-la-Jolie	254 384	C2
Rambouillet	197 764	C2
Saint-Germain-en-Laye	516 593	C2
Versailles	338 409	C2
DEUX-SÈVRES (79)		
Bressuire	93 153	B3
Niort	188 614	B3
Parthenay	64 198	B3
SOMME (80)		
Abbeville	125 322	C1
Amiens	293 366	C1
Montdidier	49 643	C1
Péronne	79 494	C1
TARN (81)		
Albi	162 749	C4
Castres	179 974	C4
TARN-ET-GARONNE (82)		
Castelsarrasin	68 412	C4
Montauban	131 808	C4
VAR (83)		
Brignoles	86 556	D5
Draguignan	231 777	E4
Toulon	497 116	D5
VAUCLUSE (84)		
Apt	106 115	D4
Avignon	259 945	D4
Carpentras	101 015	D4
VENDÉE (85)		
Fontenay-le-Comte	119 665	B3
Roche-sur-Yon (La)	217 052	B3
Sables-d'Olonne (Les)	172 639	B3
VIENNE (86)		
Chatellerault	108 636	B3
Montmorillon	74 008	B3
Poitiers	197 361	B3
HAUTE-VIENNE (87)		
Bellac	42 687	C3
Limoges	274 643	C3
Rochechouart	36 263	C3
VOSGES (88)		
Épinal	228 115	D2
Neufchateau	64 833	D2
Saint-Dié	93 310	E2